Visual 日本経済の基本 [第5版]

日経文庫 ビジュアル

小峰隆夫 [編著]
KOMINE takao

日本経済新聞出版社

まえがき

　この本は、日本経済を理解するために最低限必要と思われる基礎的な知識を6章68項目に整理して解説したものです。

　本書をまとめるに際しての基本的なポリシーは、次の2点です。

　第1は、日本経済の「超入門書」を目指したことです。要するにできるだけ分かりやすくということを最優先に考えました。私は、2003年にそれまでの役人生活から大学人へと転身しました。そして、自分が書いた入門書を使って日本経済を教え始めたのですが、そこで感じたことは「やさしく書いたつもりの入門書でもまだ大学生には難しい」ということでした。そこで本書では、それこそ「中高生にも分かる」記述を心がけることにしました。

　第2は、「現実の日本経済を理解する上で役立つように」工夫したことです。そのため最新時点の日本経済が直面している課題をできるだけ取り上げるようにしました。

　私は、経済現象を理解しようとすることは、ゴールのないマラソン・レースを走っているようなものだと思います。というのは、現実の経済は常に変化しており、次々に解明すべき新しい課題が現れてくるからです。しかし、ゴールがないからといって、走るのをやめてしまったら、先頭ランナーとの距離は広がる一方になってしまいます。経済に関心のある人は、常に新しい知識を求めて、現実の経済に引き離されないようにしなければなりません。本書の内容は、そのマラソン・レースに参加するために最低限必要な知識だといえるでしょう。

　本書は、1994年に第1版、99年に第2版、2006年に第3版、

そして10年に第4版が刊行されました。今回改訂するに際して、「最新時点での日本経済を知る上で、不可欠の項目は何か」という視点で、項目を全面的に見直しました。

　執筆に当たったのは以下のエコノミストたちです。

　小峰隆夫　大正大学地域創生学部教授

　岡田恵子　内閣府男女共同参画局総務課長

　桑原　進　内閣府経済社会総合研究所総務部長

　澤井景子　消費者庁消費者調査課長

　高安雄一　大東文化大学経済学部教授

　前田佐恵子　日本経済研究センター主任研究員

　村田啓子　首都大学東京大学院経営学研究科教授

　なお、本書をまとめるに際しては、これまでと同様、全体の構成から図表の内容に至るまで、日本経済新聞出版社の堀口祐介氏に大変お世話になりました。心からお礼を申し上げます。

　2018年5月

執筆者を代表して　小峰　隆夫

ビジュアル・日本経済の基本

目 次

第 I 章　日本経済の姿

1　日本経済を見る視点 ··········· 10
2　GDP ·························· 12
3　経済成長 ····················· 14
4　潜在成長力 ··················· 16
5　景気循環の姿と景気観測 ······· 18
6　個人消費と貯蓄 ··············· 20
7　民間設備投資 ················· 22
8　内需と外需 ··················· 24
9　ストック価格とバブル ········· 26
10　格差問題 ···················· 28
● Coffee Break　ESP フォーキャスト／季節調整 ······· 30

第 II 章　雇用・産業・企業の動き

11　雇用と失業 ·················· 32
12　非正規雇用 ·················· 34
13　働き方改革 ·················· 36
14　ワーク・ライフ・バランス ···· 38
15　産業構造の変化とこれからのリーディング産業 ··· 40
16　問われる農業の可能性 ········ 42
17　企業収益 ···················· 44
18　日本的経営・日本型雇用慣行 ·· 46
19　コーポレート・ガバナンス（企業統治） ········· 48
20　中小企業・ベンチャー企業 ···· 50
21　企業の社会的責任（CSR） ···· 52
22　賃金・労働分配率 ············ 54
● Coffee Break　人工知能・IoT ／ M&A ······· 56

第Ⅲ章 経済政策のポイント

23 マクロ経済政策 …………………………… 58
24 アベノミクス ……………………………… 60
25 物価・デフレ ……………………………… 62
26 社会インフラ整備 ………………………… 64
27 競争政策・規制改革 ……………………… 66
28 消費者行政 ………………………………… 68
● Coffee Break　EBPM ／ GDP ギャップ ………… 70

第Ⅳ章 財政・金融の課題

29 財政の基本的な機能 ……………………… 72
30 一般会計と特別会計 ……………………… 74
31 財政赤字・プライマリーバランス ……… 76
32 税制改革・消費税 ………………………… 78
33 地方財政 …………………………………… 80
34 金融の役割 ………………………………… 82
35 金融政策 …………………………………… 84
36 金利 ………………………………………… 86
37 貨幣と経済 ………………………………… 88
38 異次元金融緩和 …………………………… 90
39 金融機関 …………………………………… 92
40 株式と経済 ………………………………… 94
● Coffee Break　フィンテック／インバウンド消費 ………… 96

第Ⅴ章 日本経済の長期的課題

41 成長戦略 …………………………………… 98
42 人づくり …………………………………… 100
43 男女共同参画・女性活躍 ………………… 102
44 人口構造の変化 …………………………… 104
45 少子化対策 ………………………………… 106

46	年金問題	108
47	医療	110
48	介護	112
49	環境と経済	114
50	エネルギーの確保	116
51	地域再生	118
52	仮想通貨	120

● Coffee Break　ビッグデータ／シェアリングエコノミー ‥‥ 122

第VI章　変貌する世界の中の日本

53	グローバル経済	124
54	比較優位の考え方	126
55	WTOと自由貿易	128
56	経常収支	130
57	貿易構造の変化	132
58	為替レート	134
59	直接投資	136
60	FTA、TPP	138
61	サミット、G8・G20	140
62	国際金融、ユーロ	142
63	米国経済	144
64	欧州経済	146
65	中国経済	148
66	新興国経済	150
67	アジア経済	152
68	原油価格の変動	154

● Coffee Break　SDGs／移民・難民 ‥‥‥‥‥ 156

【日本経済をさらに理解するためのブックガイド】 ‥‥‥‥‥‥‥ 157

第 I 章
日本経済の姿

1 日本経済を見る視点
バランスと総合力を大切に

> 日本経済を観察するには、①物事を整理して考えること、②経済のメカニズムを理解すること、③データによって確認すること、④常識にとらわれない柔軟な心構えを持つようにすること、が必要です。

　第1の、物事を整理して考えるということは、「自分が考えようとしている問題は、経済のどんな部分に位置しているのか」を理解しておくことです。経済の代表的な分類方法としては、①時間軸に沿った、短期的（循環的）な問題か長期的（構造的）な問題かという区分、②国内問題か国際問題かという区分、③経済活動のタイプに着目した、需要（支出）、供給（生産）、所得という区分、④「誰が」という経済主体に着目した家計、企業、政府、海外という区分などがあります。右ページに、時間軸と国内・国際という2つの軸で、近年の日本経済の課題を整理したものを例として挙げてみました。

　第2の、経済のメカニズムを知るためには、経済学の知識が役に立ちます。経済学の中で示されるいろいろな概念を使うと、それまでは見えなかったメカニズムが表れてきます。

　第3の、データで確認する必要があるのは、経済は立場によって異なる考え方が多いからです。データを活用することによって、客観的に経済の現実を知り、それに基づいて自分の考えを説得的に示す必要があります。

　第4の、常識にとらわれない必要があるというのは、経済の世界では、昨日の常識が今日の非常識になることがよくあるからです。我々は「有名な人がいっているから」「多くの人がそう思っているから」「本に書いてあるから」という発想を捨て、できるだけ自分の頭で考える必要があります。

日本経済が直面している課題

	国　　内	国　　際
短期的な問題 （1〜2年）	• これからの景気はどうなるのか • 異次元金融緩和の効果と今後の行方はどうなるか	• 為替レートの行方はどうなるのか • トランプ米大統領の貿易政策の影響は
長期的な問題 （5〜20年）	• 社会保障・財政改革の行方 • 技術革新・産業構造の変化 • 働き方改革の行方	• 米抜きTPPの行方 • 英のEU脱退の進展とその影響 • 中国の成長はどうなるのか
超長期的な問題 （50〜100年）	• 少子化・人口減少への対応 • 高齢社会への備え • 地方創生は成功するか	• 地球温暖化への対応 • アジアの高齢化

COMMENT
経済の課題は、時間軸に沿って整理すると頭がすっきりします

戦後日本経済の主な出来事

自立期	高度成長期	石油危機と 安定成長期	バブル期	バブル崩壊後の混乱期
高度成長の時代 国連加盟（57年12月） 国民所得倍増計画（60年12月） OECD加盟（64年4月） GATT加盟（55年9月）	いざなぎ景気（65〜70年） ニクソン・ショック（71年8月）	第一次石油危機（73年10月） 戦後初の特例公債（75年12月） 第二次石油危機（78年12月）	プラザ合意（85年9月） バブルの時代（80年代後半） ブラック・マンデー（87年10月） バブル崩壊 消費税導入（89年4月） バブル崩壊と失われた20年（90年代）	アジア通貨危機（97年7月） 戦後最長の景気拡大（02年1月〜08年2月） サブプライム危機とリーマン・ショック（08年9月） 民主党への政権交代（09年9月） アベノミクスの展開 安倍政権下でのアベノミクスの開始（12年12月） 日銀、異次元金融緩和（13年4月）

COMMENT
日本経済には次々に変化の波が訪れてきました。これからどんなことが起きるのか、それを観測するのは大きな楽しみです

2 GDP
経済の全体像を整合的に示す

> 日本経済全体の姿をつかむために作られているのが国民経済計算（GDP統計）です。経済では、家計、企業、政府、海外という4つの経済主体が、生産（または供給）、所得、支出（または需要）という3つの経済活動を行っています。国民経済計算でも経済活動をこの3つに分けて表示していますが、この3つは合計すると同じものとなります（三面等価の原則）。

　生産面の動きを見たのがGDP（国内総生産）です。これは一定期間（普通は1年または四半期）内に国内で生産された財・サービスの付加価値（産出額から原材料などの中間投入額を差し引いたもの）を合計したものです。この生産をどんな産業が担っているのかを示すのが、産業構造です。

　次に分配面の動きがあります。付加価値として実現したものは必ず誰かの所得となります。逆に、付加価値がなければ所得は生まれません。

　主なものとしては、営業余剰（企業収益）、雇用者報酬（賃金）などがあります。

　そして、所得から支出されたものの合計が国内総支出となります。支出の主な項目としては、民間最終消費（家計の消費活動）、民間企業設備投資、公的固定資本形成（政府の公共投資）、輸出などがあります。

　さらに、国民経済計算は、「国内貯蓄と国内投資の差額が海外への投資（経常収支の黒字）に等しい」という関係を通じて国際収支と関係し、「設備投資や公共投資は民間設備や社会資本のストックとして蓄積される」という関係を通じて資産と結び付いていきます。

付加価値とは（菓子パンが消費者に渡るまで）

農家	小麦 1キロ100円を生産	100　100円	農家の付加価値 100円
製粉会社	小麦粉 1キロ300円を生産	200　300円	製粉会社の付加価値 200円
菓子パンメーカー	菓子パン 1キロ500円を生産	200　500円	菓子パンメーカーの付加価値 200円
小売店	菓子パン 1キロ700円を販売	200　700円	小売店の付加価値 200円

COMMENT
経済的価値の源泉は付加価値です。付加価値がなければ、企業は従業員に給料も払えません

生産・所得・支出の姿

（数値は2015年、単位:兆円）

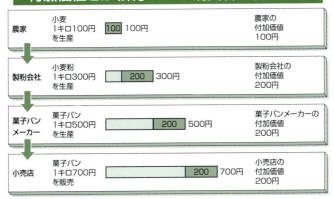

国内総生産	付加価値(528.8) = 産出額(1001.6) − 中間投入(472.8) 国内総生産 = 付加価値(528.8) + 統計上の不突合(1.7)	国内総生産 530.5
国内での所得形成	国内での所得形成 = 営業余剰・混合所得(105.5) 　　　　　　　＋ 雇用者報酬(261.8) 　　　　　　　＋ 生産・輸入品に課される税マイナス補助金(41.4) 　　　　　　　＋ 固定資本減耗(120.1) 　　　　　　　＋ 統計上の不突合(1.7)	国内での所得形成 530.5
国内総支出	国内総支出 = 最終消費支出(405.4) 　　　　　＋ 総資本形成(126.8) 　　　　　＋ 財貨・サービスの輸出(93.6) 　　　　　− 財貨・サービスの輸入(95.3)	国内総支出 530.5

COMMENT
GDPには、生産、所得、支出という3つの側面があります

3 経済成長
経済はどのように成長するか

> GDP が増えることを経済成長といい、その増加率が経済成長率です。経済成長が常に注目されているのは、経済が持続可能な形で成長すれば、生産活動が拡大して雇用機会が増え、所得が増え、支出が増えて生活水準も高まることになるからです。

短期的な経済変動は主に支出面の動きで決まると考えられているため、景気の動きを見る場合には、主に支出面から見た GDP 成長率が使われます。

四半期別に作成されている GDP 統計も支出面から作られたものです。これは QE（GDP 速報）と呼ばれており、最も重要な景気指標の1つとなっています。四半期の成長率を見る場合は、年の成長率と比較できるよう、年率（その四半期成長率が1年間続いたとした場合に得られる年間成長率）で表現するといった工夫が必要になります。

支出面から見た GDP は、国内需要に輸出を加え、輸入を差し引くことによって得られます。これは、①経済の総需要は国内需要と輸出の合計、②総供給は国内総生産（GDP）と輸入の合計、③総需要と総供給は等しい、という関係から導かれます。

需要の動きはいくつかに分けて考えることができます。代表的なものとして、内需（国内の需要の合計）と外需（輸出と輸入の差額）に分けるというものがあります。これによって、経済成長が国内要因によるものか、海外要因によるものかを見分けることができます。内需はまた、民需（家計と企業の需要）と公需（政府の需要）に分けることができます。民需によって成長していれば、民間の力による自律的な成長だということができます。

国内総支出（名目）の中身

需要項目	2017年の シェア（%）	説　　明
民間最終消費支出 （個人消費）	55.5	消費者として家計が購入する財・サービスの代金。食費、衣服費、交通通信費、自動車購入費、教育費、家賃などが含まれます
民間住宅	3.2	住宅建設の代金。土地代金は含まれません
民間企業設備	15.8	企業が建設する工場やオフィスビル、生産設備用に購入した機械など
民間在庫品増加 （在庫投資）	−0.1	企業が仕入れた材料や商品、生産した製品で手元に残っている分などが在庫で、その増加分が在庫投資となります
政府消費	19.6	公務員の給料の支払いや政府の事務用品の購入など
公的固定資本形成 （公共投資）	5.1	道路や下水道など、中央・地方政府が行う社会資本整備のための金額。土地代金は含まれません
政府在庫	0	政府保有のコメや備蓄原油の増加分ですが、ウエートはごくわずかです
財・サービス輸出	17.7	海外への財・サービスの輸出金額
財・サービス輸入 （控除項目）	16.8	海外からの財・サービスの輸入金額

COMMENT
景気は需要で考えるのが基本です

4 潜在成長力
労働・資本・技術の変化

> 長期的に見た経済の成長の力を潜在成長力といいます。経済成長率を高めていくには、経済を活性化して潜在成長力自体を高めていくことも重要です。

　戦後日本の経済成長率のすう勢を見ると、1950年台後半から70年代初頭にかけて、年平均10％近い経済成長率を実現しています（高度成長の時代）。この高度成長は73年の第1次石油危機によって終わりを告げ、その後4－5％の成長路線にシフトし、90年代以降は1％程度の成長となりました。

　潜在成長を高める要因の第1は労働力です。働く人が増えると、成長率を伸ばすことにつながります。第2は資本で、国内の貯蓄（あるいは海外から流入した資本）を投資として活用できれば、成長力は高まります。第3に、労働や資本の増加だけで説明できない成長率上昇要因があり、これを「全要素生産性」といいます。労働者の能力や資本財が生産に与える影響が高くなること、あるいはこれらの相乗効果が考えられます。これをもたらす最も重要なものが「技術」ですが、企業の経営力、効率的な資源配分が可能となる制度や慣行の変化など様々な要因があります。

　70年代に高度成長が終わって、成長率が屈折した理由は、①農村の過剰労働力の存在がなくなり労働力増加の程度が鈍化したこと、②貯蓄率が低下したこと、③技術水準の先進国レベルへのキャッチアップが終わったことなどが考えられます。90年代以降、高齢化や人口減少が進んでいることから、潜在成長率を維持するには、労働力の維持とともに、資本の充実や技術革新が一層必要であることが分かります。

16　第Ⅰ章　日本経済の姿

経済成長率の推移

(注)年度ベース。08SNAベースがない1993年度以前は63SNA、93SNAベースの値を接続している
(出所)内閣府「国民経済計算」

COMMENT
1990年代以降、成長率は下方に屈折

潜在成長率の推移（要因分解）

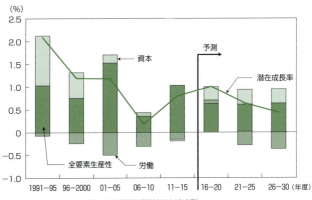

(出所)日本経済研究センター「第44回中期経済予測」(2018年3月)

COMMENT
潜在成長率には、労働・資本・技術の各要因が影響しています

5 景気循環の姿と景気観測
景気はなぜ変動するのか

> 経済は順調に拡大する時期と不振となる時期が繰り返し訪れます。これが景気変動です。景気の変動を的確に把握するためには、「経済データ」をもとに、「景気変動のメカニズム」を理解することが重要です。

景気が順調に拡大する時期の終わりを景気の山、逆に不振となる時期の終わりを谷と呼び、これを「景気循環の日付」といいます。日本では、戦後から現在まで15回の景気循環が示されています。

経済データには多くのものがあり、指標を見るときには、経済のどのような分野のどのような活動を表しているかを考える必要があります。例えば、右ページの下の表は、横軸で、「誰が行う経済活動か」（家計、企業、政府、海外）、縦軸で「どのような経済活動か」（支出、生産、所得）という分類で整理したものです。ほとんどの経済指標は、このマトリックスの中に整理することができます。これらを統合した経済規模を示す数値としてGDP（12ページ参照）があります。

景気が変動する理由としては、①石油等の材料価格や為替レート、海外景気の動きなどの外からのショックがあること、②経済の動きにはフローとストックの側面があり、ストックの変動に関連する設備投資や在庫投資の増減が繰り返されること、③生産が増えて所得が増えると需要も増えるという波及効果があります。これまでの景気変動の姿を見ると、まず、輸出、公共投資などの外生的需要によって生産が増え、次に、企業収益や設備投資が増加する局面、さらに雇用や賃金が好転し、家計の消費が増える段階と進行する傾向があります。

18　第Ⅰ章　日本経済の姿

戦後の景気循環

循環	景気循環			期間(カ月)		
	谷	山	谷	拡張期	後退期	全循環
1		1951年 6月	1951年10月		4	
2	1951年10月	1954年 1月	1954年11月	27	10	37
3	1954年11月	1957年 6月	1958年 6月	31	12	43
4	1958年 6月	1961年12月	1962年10月	42	10	52
5	1962年10月	1964年10月	1965年10月	24	12	36
6	1965年10月	1970年 7月	1971年12月	57	17	74
7	1971年12月	1973年11月	1975年 3月	23	16	39
8	1975年 3月	1977年 1月	1977年10月	22	9	31
9	1977年10月	1980年 2月	1983年 2月	28	36	64
10	1983年 2月	1985年 6月	1986年11月	28	17	45
11	1986年11月	1991年 2月	1993年10月	51	32	83
12	1993年10月	1997年 5月	1999年 1月	43	20	63
13	1999年 1月	2000年11月	2002年 1月	22	14	36
14	2002年 1月	2008年 2月	2009年 3月	73	13	84
15	2009年 3月	2012年 3月	2012年11月	36	8	44

(出所)内閣府経済社会総合研究所「景気動向指数」

COMMENT
景気の山と谷には日付が付けられています

景気指数の分類

	家 計	企 業	政 府	海 外
支 出	家計消費 百貨店売上 自動車登録台数 住宅着工	設備投資 建設受注 機械受注 在庫投資	公共投資	輸 出
生 産	雇用(就業者、 労働時間)	鉱工業生産・ 第3次産業 活動指数		輸 入
所 得	賃 金	収 益	税 収	経常収支 投資収益
全 体	GDP、金融、物価、マインド			

COMMENT
景気指標は非常に数が多いので、整理して考えるようにしましょう

6 個人消費と貯蓄
最大の需要項目

> 個人消費（家計消費）は、GDPの約6割を占める最大の需要項目です。それだけに景気に及ぼす影響は大きく、その動きは常に注目されています。

消費の動きを決める最大の要因は、可処分所得（自由に使える所得）です。このため消費の変動は可処分所得の変動の影響を受けます。要するに財布の中身が消費金額を左右するのです。さらに踏み込んで、将来の所得を考慮した安定的な所得（恒常所得）が消費を左右するという考え方もあります。

家計のマインドの動きも重要です。雇用不安や年金不安などが強まると、消費意欲が衰え、所得から消費に回す割合（消費性向）が低下するからです。

消費性向の逆数を貯蓄率（所得のうち貯蓄に回す割合、または貯蓄性向）といいます。かつては日本の家計貯蓄率は先進諸国中でも高いことで有名でしたが、高齢化により近年では先進国の中でも低い水準となっています。この貯蓄率の変動要因としては、代表的な2つの考え方があります。1つは「ラチェット効果」です。これは、例えば、所得の伸びが低下しても、消費のレベルを急に下げることはできないので、貯蓄率は一時的に低下するというものです。

もう1つが「ライフサイクル仮説」です。これは、人々は勤労期間中に老後に備えて貯蓄をし、老後にはその貯蓄を取り崩すという考え方です。これが正しいとすると、高齢化が進行すると、国民全体の中で、「貯蓄する人」よりも「貯蓄を取り崩す人」の割合が高くなるので、全体としての貯蓄率はさらに低下することになります。

可処分所得と消費の推移(前年度比)

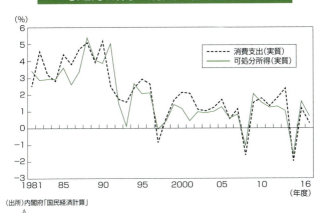

(出所)内閣府「国民経済計算」

COMMENT
消費は、所得に応じて変動します。財布の中身が消費を決めるわけですね

ライフサイクル仮説の考え方

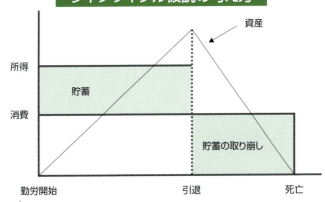

COMMENT
働いているときに貯金して、老後にそれを使い、死んだときに蓄えがゼロになる。これがライフサイクル仮説です

7 民間設備投資
経済をダイナミックに動かす

> 企業が生産活動を行うためには、原材料や労働力のほかに機械や工場などの設備が必要となります。そうした設備を新たに購入するのが設備投資です。設備投資は消費に比べると需要に占めるウエートはずっと小さいのですが（15％程度）、変動が大きいので経済の動きを大きく左右します。日本の景気変動の中では、設備投資こそがダイナミックな変化を引き起こす主役だったといえます。

　設備投資には、①需要の１項目としてほかの企業の生産を増やし、短期的な成長率を高める効果（需要効果）と、②設備ストックの増加を通じてその企業の生産力を高め、長期的に供給面から成長率を高める効果（生産力効果）があります。これを「投資の二面性」といいます。

　ではなぜ設備投資の変動は大きくなるのでしょうか。この点を説明する代表的な理論として、「設備投資の加速度原理」と「ストック調整原理」があります。加速度原理というのは、「設備投資の変動は、全体の需要の変動（速度）に比例するのではなく、その加速度に比例する」という原理です。これは、需要に比例して動くのは設備投資ではなく「設備ストック」だからです。

　ストック調整原理では、設備投資は望ましい資本ストックと現実の資本ストックとのギャップを埋めるために行われると考えます。新しい設備の必要性が認識され、投資が実行されているときには、需要効果で経済は拡大しますが、それが完成してしまうと、それ以上の設備投資は必要ではなくなりますから、投資需要は落ち込みます。これが設備投資の変動を呼ぶのです。

22　第Ⅰ章　日本経済の姿

設備投資の与える影響

COMMENT
設備投資は、供給面、需要面両方に影響します

設備投資の決定要因

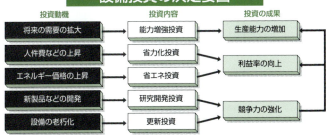

COMMENT
企業が設備投資をするのは、生産能力を増やす以外にも多様な理由が考えられます。また設備投資の規模は企業収益にも依存します

設備投資の変動

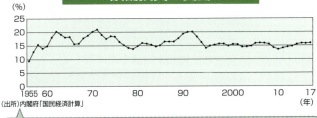

(出所)内閣府「国民経済計算」

COMMENT
設備投資はダイナミックな変動を繰り返しており、景気変動の最も大きな要因の1つとなっています

8 内需と外需
「内需中心の成長」とは？

しばしば「日本は内需中心の成長を目指すべきだ」といわれています。では「内需」「外需」とは何でしょうか。そして、最近、「内需中心」が強調されるようになってきたのはなぜでしょうか。

「内需」とは「国内需要」、「外需」とは「輸出−輸入」のことであり、GDP（国内総生産）は内需と外需の和となります。なぜそうなるのかについては右ページの上の図を参照してください。主に輸出にリードされた成長が「外需中心の成長」、内需にリードされた成長が「内需中心の成長」です。

近年、「内需中心の成長」の重要性が強調されるようになってきたのには2つの背景が考えられます。1つは、日本経済が海外の経済ショックの影響を大きく受けるためです。リーマン・ショック時には、震源地の欧米以上に大きな打撃を受けました。これは、日本の輸出が急減したためです。そこで、「輸出よりも内需で」という議論がでてきました。

もう1つは、少子・高齢化の進行等により、医療・健康、家事支援等、生活に関連する内需型の産業が、成長産業として期待されているからです。

ただし、内需中心の成長が重要だからといって輸出を抑える必要はありません。輸出が伸びて、その結果得られる所得が国民全体に還元され、国民が内需を増やすと輸入も増えるでしょう。右に示したように、2012年以降の景気拡大期には、輸出の伸びも強いとはいえず、内需は低い伸びにとどまっていますが、高度成長期には輸出、内需、輸入がいずれも高い伸びとなり、結果的に内需中心の成長が実現しています。

24　第Ⅰ章　日本経済の姿

内需と外需の関係

①総需要＝内需（国内需要）＋輸出
②総供給＝GDP（国内生産）＋輸入
　となります。
ここで、総需要と総供給は等しいので、
③GDP＝内需（国内需要）＋外需（輸出－輸入）
　となるのです。この関係を図にすると次のようになります。

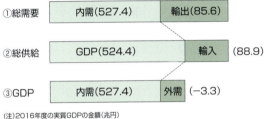

(注)2016年度の実質GDPの金額（兆円）

COMMENT
内需、外需、GDPの相互関係を頭に入れておくと便利です

高度成長期と2012年以降の実質成長率の中身比較

	経済成長率	寄与度 内需	寄与度 外需	伸び率 内需	伸び率 輸出	伸び率 輸入
高度成長期（1956～70年度平均）	9.6	9.9	－0.2	9.6	14.6	15.4
2012年からの景気拡大期（2012～16年度平均）	1.2	1.0	0.2	1.0	4.3	2.6

(出所)内閣府「国民経済計算」。ただし、1956～70年度については1990年基準、2012～16年度は2011年基準

COMMENT
輸出が伸びて内需中心の成長になるのが、理想的です

9 ストック価格とバブル

経済を動かす株価や地価の変動

> 経済にはフローとストックがあります。地価や株価などのストック価格は、金融情勢や人々の将来期待に影響されるため、しばしば大きな変動を示すことがあります。1980年代後半には、ストック価格が高騰し、その後下落しました。これがバブルの生成と崩壊と呼ばれる現象です。

　経済には、経済活動の結果が、ある一時点限りの「フロー」と、その成果が残る「ストック」があります。我々が普段目にするGDP、賃金、企業収益、輸出入などの経済指標はいずれもフローです。

　ストックには土地、株式、企業設備、住宅など多様なものがありますが、この中で地価や価格といったストックの価格の変動が経済を大きく揺るがすことがあります。

　地価や株価は、普通の財・サービスの価格とは異なり、ほかの金融資産（預金や債券）との見合いで変動するため、金融情勢次第で大きく変動します。

　例えば、地価の場合は、理論的には①資産保有から得られる所得（地代）が増えるほど、②ほかの金融資産の利回り（金利）が低下するほど、③資産価格上昇への将来期待が高まるほど（地価上昇期待）価格は上昇します。

　1980年代後半、景気の上昇、金融緩和が続いたところに、多くの人が「土地の値段はまだ上がる（土地神話）」と考えたため、地価が暴騰しました（株価も同じ）。これがバブル経済です。バブル経済は、その最中には経済を好転させますが、崩壊して資産価格が下落すると、不良債権問題などの後遺症をもたらし、経済を停滞させることになります。この経験を生かして二度とバブルを繰り返さないことが重要です。

26　第Ⅰ章　日本経済の姿

日本のストック(総資産)の内訳(2016年末、単位:兆円、%)

項目	金額	シェア	項目	金額	シェア
1.非金融資産	3002	28.6	2.金融資産	7495	71.4
(1)生産資産	1813	17.3	現金・預金	1887	18.0
a 固定資産(住宅、設備・機械など)	1747	16.6	貸出	1398	13.3
b 在庫	66	0.6	債務証券	1267	12.1
(2)非生産資産	1189	11.3	株式	701	6.7
うち土地	1183	11.3	保険等	549	5.2
			総計	10497	100.0

(出所)内閣府「国民経済計算」

COMMENT
ストックは非金融資産と金融資産に分かれます。バブルの時代には、この中の土地、株式の価格が暴騰しました

地価の変動率の推移(公示地価)

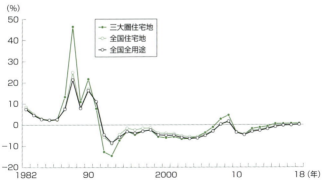

(出所)国土交通省ホームページ

COMMENT
代表的なストック価格である地価は、80年代後半に暴騰し、その後は下落気味です

10 格差問題
拡大傾向ではあるが再分配機能は高まる

各種調査における世帯所得のジニ係数は近年上昇しています。ジニ係数の上昇は人口動態の変化などにより引き起こされている部分が大きいといえます。2000年代以降は再分配所得の格差拡大は止まっています。

1980年代以降、世界各国で所得格差が拡大する動きが見られますが、日本でも同様の動きが見られます。所得再分配調査から作成したジニ係数は、当初所得、再分配所得ともに緩やかな上昇傾向が確認できます。再分配所得とは当初所得から税や社会保険料負担を引き、社会保障給付を加えたものです。

なおジニ係数は格差を表す指標で、0〜1の間をとり、1に近づくほど格差が大きいことを意味します。

ただし日本におけるジニ係数の高まりについては、所得格差の大きい高齢者世帯比率の高まりの影響が見かけ上の格差を拡大させていることに留意が必要です。高齢者世帯はもともと所得格差が大きく、これら世帯の構成比が高まったことで、全体のジニ係数が高まっています。つまりジニ係数の高まりのかなりの部分は、人口動態の変化によりもたらされています。

なお当初所得の格差は拡大し続けていますが、2000年代以降は再分配所得の格差は拡大していません。再分配機能が強まっているといえますが、これは高齢者世帯の再分配所得の格差が縮小しているからで、要因としては年金制度の成熟が挙げられます。

28 第 I 章 日本経済の姿

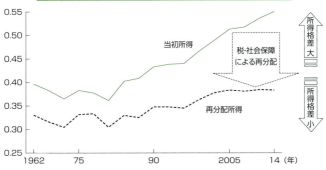

COMMENT
税金や社会保障給付金などにより所得再分配が行われるため、当初所得より再分配所得のジニ係数は小さくなります

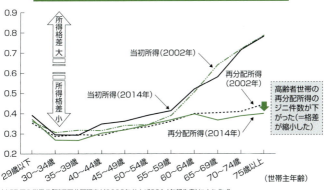

COMMENT
年齢が高まるほどジニ係数も高まります

Coffee Break

ESPフォーキャスト/季節調整

ESP フォーキャスト

　日本経済研究センターが実施している ESP フォーキャスト調査は、毎月、日本経済の将来予測を行っている民間エコノミスト約40名から、日本経済の成長率、物価上昇率など重要な指標の予測値を調査し、その平均値（コンセンサス）を明らかにするものです。つまりプロの平均的な予測はどんなものかを知ることができるので大変便利です。景気の転換点、金融政策の変化の方向などについての調査も併せて行われています。

　予測値と実績を比較して予測者を評価してみますと、毎年必ず、コンセンサスはベストテンに入る成績を収めています。つまり、コンセンサス予想は「良い予想」であることが確かめられているわけです。

季節調整

　月次データあるいは四半期データを見る際に注意が必要な点は、季節的な要因による循環的な動きです。例えば、ビールの消費量が夏に増える、あるいはチョコレートの販売量が2月に増えるといったように、様々な指標が気候や社会慣行により、毎年同じ時期、同じような変動を繰り返す状況が見て取れます。このような季節的な影響に左右される指標を、前月あるいは前期と比べても意味はなく、季節的な影響を取り除く必要があります。季節調整とは指標の動きからこのような季節性の影響を取り除く方法です。

第 II 章
雇用・産業・企業の動き

11 雇用と失業
景気と構造的要因で変動

> 「働く意思を持つ人がすべて働く場を持つ」状況を「完全雇用」といいます。このような状態が望ましいのは、①雇用が一人ひとりの生活の安定の基礎であること、②生産要素としての労働力をフルに活用することが、潜在成長力を発揮するために必要であること、③働くことは「自己実現」「社会参加」などの観点からも重要な意味を持っているためです。

　15歳以上の人口について、働く意思のある人を労働力人口としています。さらに労働力人口については、実際に仕事に従事している就業者と仕事を探している完全失業者がいます。この労働力人口に占める完全失業者の割合を完全失業率といいます。日本の完全失業率は、1990年前半まで2％程度で推移し、2000年以降の景気後退の時期は上昇して5％台に達しました。その後2010年代後半には3％程度となっています。

　失業率の変化は、景気変動による循環的要因と、それ以外の構造的要因で説明できます。景気変動については、景気の回復に伴い、企業が臨時に人員や労働時間等を増やすことに加えて、新規就業を増やすことから、失業率が下がります。景気後退の時期は逆の作用をもたらします。企業は景気の変動に少し遅れて雇用調整を実施するため、失業率は景気に遅れて動く「遅行指数」とされています。

　構造的要因としては、高齢化や人口減少に伴う労働力人口減少のほか、労働需給のミスマッチがあります。ミスマッチの主なものとしては、①職能（IT関連の仕事はあるが、IT関連技術者は少ない）、②産業（介護福祉の雇用需要は増えているが、小売業は減っている）、③就業地域（大都市圏では求人が増えても地方では落ち込んでいる）などがあります。

失業率の推移

(暦年平均)

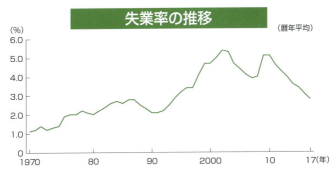

(出所)総務省「労働力調査」

COMMENT
2000年代には、5％台にまで達しましたが、2010年代後半には3％程度で推移しています

労働力人口の構成

(2017年／単位:万人)

- 人口 12668
  - 年少人口 1561
  - 15歳以上人口 11108
    - 労働力人口 6720
      - 就業者 6530
        - 雇用者 5819
      - 完全失業者 190
    - 非労働力人口 4382

(注)人口は2017年9月1日時点。労働力人口と非労働力人口の合計が15歳以上人口に一致していないのは就業状態不詳があるため
(出所)総務省「労働力調査」

COMMENT
失業率＝完全失業者÷労働力人口、労働力率＝労働力人口÷15歳以上人口で定義されています

12 非正規雇用
進展する非正規化

非正規雇用の割合は上昇を続け、雇用者の４割近くを占めています。非正規雇用者とは、パートやアルバイト、派遣社員、契約社員、嘱託といった、いわゆる正社員ではない雇用形態の労働者です。

　非正規雇用が増加した背景には、企業が状況の変化に応じて柔軟に雇用量を調整しようとしたことや、人件費の節約を進めたことがあります。非正規労働者の中には様々な形態があります。フリーランスや専門職として働く人から、学生アルバイトや家計補助的に都合のいい時間帯だけ働くパートタイム労働に従事している人もいます。しかし正社員として働ける場がなく、不本意に非正規雇用を選んでいる労働者が、特に派遣社員や契約社員では少なくありません。

　2000年以降は、規制緩和によって従事できる業務の幅が拡大したこともあって、契約社員や嘱託、派遣社員として働く人が増えています。非正規雇用のうち、正社員が従来行っていた業務を代替する存在もみられます。またこの中には、家計補助的に働くのではなく、家計の主な稼ぎ手として働く非正規雇用者も増えています。

　正規雇用に比べて非正規雇用の多くは賃金が低く、雇用の安定性に欠ける傾向にあります。職業能力開発の機会が乏しいため、勤続期間が長期化しても、賃金の上昇が見込みにくくなっています。また、働く時間が短いことなどを理由に、年金や医療・介護等について雇う側が負担を行う保険に加入できない場合もあります。非正規雇用者であっても生活の安定・安心が確保されるような、セーフティネットの整備や能力開発機会の充実が望まれます。

34　第Ⅱ章　雇用・産業・企業の動き

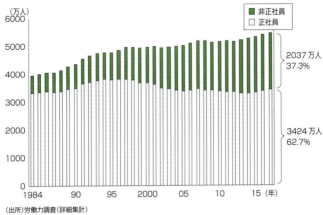

COMMENT
正社員数は減少し、非正社員数が増えました

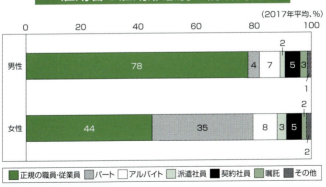

COMMENT
女性では、非正規雇用が過半を占めます

13 働き方改革
生き生きと働ける社会に

日本では、新卒採用で雇用された正社員を中心とした労働慣行があったことから、出産や育児で職を離れた女性が、再び就業する際に非正規労働に従事する傾向が強いことが指摘されていました。また、正社員の長時間労働等の問題も指摘されています。誰もが働きやすい環境を整えるため、政府は「働き方改革」を提案しています。

　日本では、いわゆる「日本型雇用慣行」（46ページ参照）の下、正規雇用として働く場合、職務を限定せずに就業することが主流でした。転勤の有無が事前に規定されることもなく、残業を含む長時間労働に従事することも厭わない風潮もあったと考えられています。

　サービス産業化が進み、非正規雇用（34ページ参照）が増加して正社員の業務を代替することも多くなってきました。同じような職務についている雇用者について、その雇用形態のみで賃金等の処遇を評価することに無理が生じています。そこで職務等や雇用条件を明確化して、共通の基準で処遇を示す動き（同一労働同一賃金）が求められています。

　また、これまでの正社員のように、大学卒業後すぐに就職し定年まで同じ企業に働き続け、その後は完全に引退するという過ごし方も減ってきました。今、非正規雇用者として働く人の多くは子育て女性等や高齢者ですが、人手不足が続く中、より一層の活躍が求められています。これらの労働者も正社員として働けるようにするには、働く時間帯や地域等を限定した雇用契約も必要です。また、生活時間とのバランスを確保し、効率的な働き方をするためにも、長時間労働の是正や、柔軟な勤務制度の導入も必要とされています。

36　第Ⅱ章　雇用・産業・企業の動き

働き方改革の概要

政策的目的（課題）		対応策
賃金等の処遇の改善	非正規雇用の処遇改善	• 同一労働・同一賃金の実効性を確保する法制度とガイドラインの整備 • 非正規雇用労働者の正社員化など、キャリアアップの推進
	賃金引き上げと労働生産性向上	• 企業への賃上げの働きかけや取引条件改善、生産性向上など賃上げしやすい環境整備
時間や場所などの働く制約の克服（ワーク・ライフ・バランスの確保）	長時間労働の是正	• 法改正による時間外労働の上限規制の導入 • 勤務間インターバル制度導入に向けた環境整備 • 健康で働きやすい職場環境の整備
	柔軟な働き方がしやすい環境整備	• 雇用型テレワークのガイドライン刷新と導入支援 • 非雇用型テレワークのガイドライン刷新と働き手への支援
キャリアの構築	女性・若者が活躍しやすい環境整備	• 女性のリカレント教育など個人の学び直しへの支援や職業訓練などの充実 • パートタイム女性が税金対策の就業調整を意識しない環境整備や正社員女性の復職など多様な女性活躍の推進 • 就職氷河期世代や若者の活躍に向けた支援・環境整備の推進
	雇用吸収力の高い産業への転職・再就職支援、人材育成、格差を固定化させない教育の充実	• 転職・再就職者の採用機会拡大に向けた指針策定・受け入れ企業支援と職業能力・職業情報の見える化 • 給付型奨学金の創設など誰にでもチャンスのある教育環境の整備
	高齢者の就業促進	• 継続雇用延長・定年延長の支援と高齢者のマッチング支援

（出所）働き方改革実現会議　会議資料「働き方改革実行計画」より作成

COMMENT
多様な人々が働き、それぞれの生産性を高める働き方が求められています

14 ワーク・ライフ・バランス

多様な働き方、過ごし方のできる豊かな社会へ

> 我が国では、欧米諸国へのキャッチアップの過程で仕事中心の社会が続いてきましたが、個人の生活や社会に様々な悪影響がでています。そこで近年はワーク・ライフ・バランスの必要性が高まっています。

　我が国では、高度成長期における欧米諸国へのキャッチアップの過程を経て、仕事を生活に優先させることが前提である社会が長らく続きました。

　このような状況で、長時間労働が常態化した人については、自己啓発の機会が失われ能力開発ができないほか、心身に悪影響が出るという問題が生じています。また子育てなどの家庭生活や地域活動への参加と仕事の両立が進まないことは少子化の原因の1つとも考えられています。そこで、近年、「ワーク・ライフ・バランス」の取り組みが求められるようになりました。

　ワーク・ライフ・バランスとは、仕事、家庭生活、地域生活、個人の自己啓発など、様々な活動について、自らが希望するバランスで展開できる状態のことです。具体的には、①勤労によって経済的自立が可能な社会、②健康で豊かな生活のための時間が確保できる社会、③多様な働き方、生き方が選択できる社会となることが想定されています。

　働き方改革（36ページ参照）で示されているように、女性や若者等を含めて多様な人々が働ける仕組みを構築するという社会的前提としても注目されています。

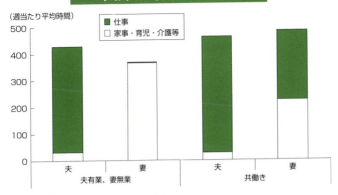

(出所)総務省「平成28年度社会生活基本調査」より作成

COMMENT
男性は女性と比べて、家事・育児等にかける時間が少ない状況です

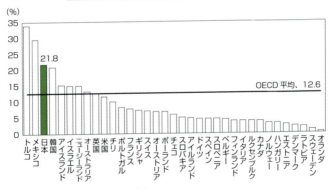

(出所)OECD Better Life Index 2017より作成

COMMENT
日本は長時間労働者の割合が多くなっています

15 産業構造の変化とこれからのリーディング産業
サービス化、高付加価値化への流れ

経済が発展するためには、成長性の高い分野へと産業構造が変化していくことが必要です。戦後の日本の産業構造には、サービス化、高付加価値化という２つの大きな流れがありました。今後の経済を牽引するリーディング産業としては、医療・介護分野、環境分野などが期待されています。

　サービス化が進むのは、所得水準の上昇とともに、消費の中身が次第にモノから、教育、レジャー、医療、介護などのサービスに向かうためですが、育児、料理などの家事サービスの外部化、企業のアウトソーシングなども影響しています。

　日本の産業構造は、「繊維などの軽工業」→「鉄鋼、化学などの重化学工業」→「自動車、家電、産業機械などの機械工業」という具合に、より付加価値の高い産業に重点がシフトしています。これは、「労働集約型産業」→「資本集約型産業」→「知識集約型産業」という変化だともいえます。

　では、これから日本の産業をリードしていく産業はどんなものになるのでしょうか。これまでの傾向を延長して考えると高付加価値化、知識（または技術）集約化という流れの中で、ハイテク分野、先端技術分野から新産業が現れそうです。人々が何を欲するかという面から考えると、医療・介護などの福祉分野、環境分野などが期待されます。現在は考えもしない新技術が新産業を生み出す可能性も大いにあります。

　政策的な方向付けも重要です。2017年12月に決定された「新しい経済政策パッケージ」では、IoT、ビッグデータ、ロボット、人工知能などの新しいイノベーションは、全く新しい付加価値を創出することによって、大きく生産性を押し上げる可能性を秘めているとしています。

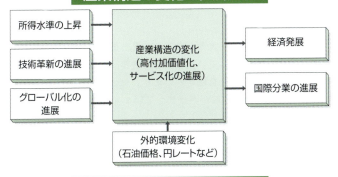

産業構造の展望

①名目生産額の構成比(%)

	2000年	2011年	2020年	2030年
第1次産業	1.5	1.3	1.0	0.5
第2次産業	39.0	36.1	36.1	35.6
製造業	30.7	30.3	29.3	29.6
素材	10.4	12.3	12.2	12.4
加工組立	13.4	12.1	11.1	11.0
生活関連	6.9	6.0	5.9	6.2
第3次産業	59.5	62.6	62.9	63.9

②就業者の構成比(%)

	2000年	2011年	2020年	2030年
第1次産業	10.9	7.2	4.6	2.0
第2次産業	23.8	22.6	25.7	25.9
製造業	14.4	13.3	14.0	14.7
素材	4.1	3.7	4.0	3.8
加工組立	5.8	5.3	5.5	5.9
生活関連	4.5	4.3	4.5	5.0
第3次産業	65.3	70.2	69.7	72.1

(出所)日本経済研究センター「第44回中期経済予測」(2018年3月)より

COMMENT
今後も、第1次産業の縮小と第3次産業の拡大、製造業の高付加価値化は続きそうです

16 問われる農業の可能性
問題が山積する中で明るい動き

> かつては日本経済で大きなウエートを占めていた農業の位置付けは著しく低下しています。また農業は耕作放棄地の増加をはじめ様々な問題を抱えています。一方、日本食ブームなどを背景に、近年、輸出が増加しています。

　日本経済に占める農業の割合は低下しています。GDPで見ると農業が占める割合は1970年の4.4％から2015年の0.9％へ、就業者では同じ時期に15.9％から3.2％へそれぞれ低下しています。

　また、農業総産出額に占める割合を見ると、1970年には37.9％であったコメが2015年には19.0％にまで落ち込みました。一方、野菜や畜産の割合はこの期間に高まり、2015年にはそれぞれ、27.2％、35.4％となりました。

　日本の農業は、耕地面積が減少する中、耕作放棄地が増加しています。さらに、農業従業者が減少し、農家の高齢化も進むなど様々な問題を抱えています。

　他方、海外における日本食ブーム、日本の農産物は美味しく安全で健康にも良いとの評価を背景に、近年、輸出が増加しています。人口減により国内の市場規模が縮小することが予想されますが、世界の新しい市場を開拓していくことで農業の可能性が広がっていきます。

　なお、主食であるコメの需要は食生活の変化などを反映して1962年をピークにほぼ一貫して減少しています。そこで過剰米の発生を抑えるために、1971年から本格的な生産調整、いわゆる「減反」が行われてきました。しかし、意欲ある農業者の経営発展を阻害するといった意見もあり、2018年度を目途に減反は廃止されることが決まりました。

日本経済に占める農業の割合

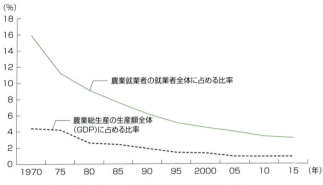

(出所)農林水産省「食料・農業・農村白書 参考統計表」(平成29年版)などより作成

COMMENT
付加価値生産額と就業者数のいずれで見ても農業が占める割合は低下しています

農産物輸出の推移

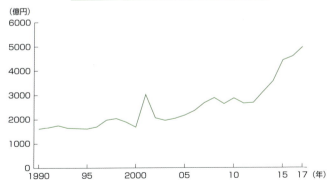

(出所)農林水産省「食料・農業・農村白書 参考統計表」(平成29年版)などより作成

COMMENT
輸出額は2010年代以降大きく増加しています

17 企業収益
企業経営の通信簿を読む

> マクロ経済の代表的な経済指標が GDP だとすると、ミクロ経済の代表は企業収益です。企業収益は景気の変動に応じて敏感に変動し、配当や株価を左右します。低迷が続くと、企業そのものの存在を脅かすことになります。

　企業収益は、売り上げから費用を差し引いたものです。この費用には、部品・原材料費などのように生産水準に比例して増減する「変動費」と、人件費、減価償却費などのように、生産水準のいかんにかかわらず必要となる「固定費」があります。この固定費があるため、生産量が増えると、生産物1単位当たりのコストが低下し、生産の増加率以上に収益が増えることになります（生産が減少した場合は逆）。このため、企業収益は景気に応じて極めて大きな変動を示すことになるのです。

　1990年代に入り、日本企業は、企業収益の落ち込みを回復すべく、経営のスリム化を進めてきました。いわゆるリストラです。不良債務の圧縮、設備の削減、人員の削減等を進め、財務体質の強化を図りました。2008年のリーマン・ショックで企業収益は急激に落ち込みましたが、その後は、企業収益は拡大し、16年度は過去最高水準を達成しています。

　一方で、その稼いだ収益の使い道が問われています。主な使い道は、①従業員の賃金への還元、②株主への配当、③国内外の設備投資、④企業の内部留保への蓄積の4つです。収益が好調でも、賃金や設備投資などにはあまり回っておらず、内部留保を積み増して自己資本の強化を図る動きが目立ちます。かつてのリストラの経験から、企業の経営が過度に安全志向になっているのではないかといわれています。

44　第Ⅱ章　雇用・産業・企業の動き

企業の収益

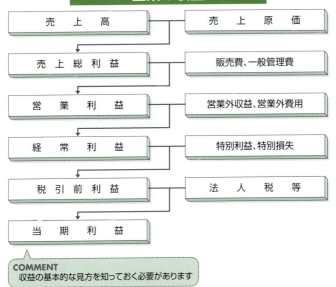

COMMENT
収益の基本的な見方を知っておく必要があります

日本の法人企業（金融・保険業を除く）の経常利益の推移

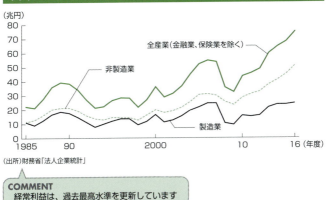

(出所)財務省「法人企業統計」

COMMENT
経常利益は、過去最高水準を更新しています

18 日本的経営・日本型雇用慣行

日本の企業経営はどう変わるのか

> 1980年代までは、いわゆる日本的経営・日本型雇用慣行は、長期的な観点から従業員と一体となった効率的な経営を実現するものとして、国際的にも高い評価を受けてきました。しかし、90年代以降は、大幅な見直しが求められています。

　1980年代までの日本的経営の特徴としては、①投下した資本の収益率よりもマーケット・シェアの維持拡大を経営目標としていたこと、②企業間の長期・継続的な取引、③関連会社との間での株式の持ち合いなどがありました。

　このような経営を日本型雇用慣行が支えてきました。その特徴としては、①長期雇用（いわゆる終身雇用）、②勤続年数に応じて賃金が上昇傾向（いわゆる年功賃金）、③企業が職場の仕事を通じて教育訓練をほどこすこと（オン・ザ・ジョブ・トレーニング、OJT）等が挙げられます。

　日本的経営、日本型雇用慣行は、1980年代までは、日本企業の競争力の源であると考えられてきました。しかし、90年代に入ると、グローバル化の進展、成長率の鈍化、技術革新のスピードアップなどの中で、固定的な企業間関係や長期雇用を前提とした人材育成は、必ずしもうまく機能しなくなってきました。

　90年代以降、日本の経営は変化しています。以前より、資本の収益率が重視され、企業間関係は見直されてきました。一方で、日本的経営や日本型雇用慣行が完全に見られなくなったわけではありません。雇用面では、非正規化は進む一方で、正社員は、能力給や成果主義の導入もあるものの、多くは長期雇用、年功賃金です。日本の企業は、最適な経営体制を求めて試行錯誤のプロセスを繰り返していると考えられます。

46　第Ⅱ章　雇用・産業・企業の動き

従来型の日本型企業経営の特徴

	日　　本	米　国
経営目標	新製品開発、マーケット・シェア	資本収益率、株価
企業間関係	長期的取引（系列、下請け）	競争的市場
雇用関係	年功賃金、長期雇用、OJT	能力給、弾力的雇用、大学での専門教育
意思決定	ボトムアップ、コンセンサス	トップダウン
株式	持ち合い、形式的株主総会	個人、機関投資家、頻繁な企業売買
コーポレート・ガバナンス	メインバンク、従業員、官庁	株式市場、株主総会、社外取締役

COMMENT
従来型の日本型経営はほとんどあらゆる面で変化してきています

男性（一般労働者）の年齢階級による賃金カーブ

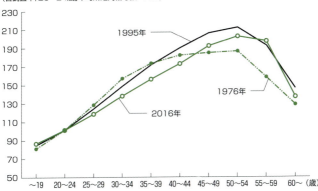

(各調査年「20〜24歳」平均所定内給与額＝100)

(注) 厚生労働省「賃金構造基本統計調査」。19歳以下と60歳以上では、調査年により年齢階級区分が異なるため、労働者数ウエートを用いて区分した値を推計
(出所) 労働政策研究・研修機構ホームページより作成

COMMENT
賃金カーブが右肩上がりなのは変わりませんが、傾きが緩やかになっています

19 コーポレート・ガバナンス（企業統治）
「攻め」のガバナンスで企業価値向上

> 企業の法的な所有者である株主は、経営者に経営を委託していますが、経営の状況を十分に知っているわけではないので、経営者が本当に効率的な経営を行っているかを監視する仕組みが必要です。これがコーポレート・ガバナンスです。

　かつての日本における企業統治の仕組みは、株式が持ち合いされる中で、メインバンク、従業員（労働組合）、グループ企業、業法を所管する官庁などが経営をチェックする役割を果たしてきました。いわば「日本型コーポレート・ガバナンス」が作用していたわけです。これは、米国などの仕組みとは、大きく異なりました。米国では、株式市場、社外取締役などが経営を監視しており、経営効率が悪いと、株価が下がり、買収されたり、経営者が交代を迫られたりします。

　日本的経営（46ページ）が見直される中で、日本型コーポレート・ガバナンスも見直されつつあります。背景には、①グローバル化や株式の持ち合いの解消が進展し、株式市場、株主の声を重視した経営が求められるようになってきたこと、②従来型の統治の仕組みでは、企業が低収益の事業を抱え込む傾向があり、社外取締役のように「社外」の目で経営陣を監視することが求められるようになってきたことです。

　最近では、成長戦略として、コーポレート・ガバナンスを強化し、経営者の行動を、より会社の中長期的な「稼ぐ力」（収益性、生産性）を高めることにつなげることが打ち出されました。これを踏まえ、東京証券取引所（東証）と金融庁は、2015年6月に、上場企業に、企業統治の指針として、独立社外取締役を2名以上選任すること等を盛り込んだコーポレート・ガバナンスコードを制定しました。

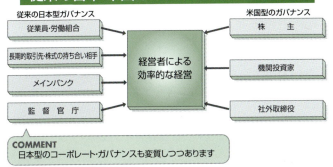

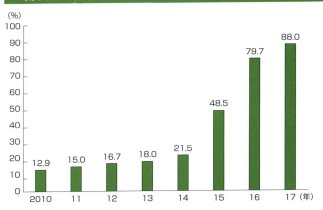

20 中小企業・ベンチャー企業
日本経済の屋台骨

日本では、中小企業が企業数の99.7%、従業員数の71%を占める経済の屋台骨です。中小企業の高い技術は、日本経済の強みであるものづくりを支えています。

中小企業とは、製造業では従業員が300人以下または資本金が3億円以下など、従業員数または資本金が中小企業基本法に定められた規模以下の企業です。

中小企業の強みは、規模が小さいことによる小回りのよさです。経営者の迅速で大胆な意思決定によって、市場の変化やユーザーの要望に、きめ細かく、機動的に応えることができます。高い技術により、世界有数の市場占有率を誇る企業もあります。

一方で、経営基盤が脆弱で景気変動の影響を受けやすかったり、大企業の下請企業の場合はその経営のしわ寄せを受けたりします。このため、政府は、資金繰り、下請取引の適正化、事業再生などについて様々な支援を講じています。最近では、経営者の高齢化が進む中で、後継者が不足しており、事業をどのように経営力のある若手に引き継ぐかが課題となっています。

起業家精神を発揮し、新たなアイデアや技術などを用いて新規事業に取り組むベンチャー企業の多くは中小企業です。政府は、ベンチャー企業支援策として、創業のノウハウ支援、事業資金調達支援、ベンチャー投資を行った個人に対する所得減税（エンジェル税制）などを講じています。しかし、日本は開業率も廃業率も低く、米国のようにベンチャーが輩出する状況になっていません。

経済に占める中小企業の割合

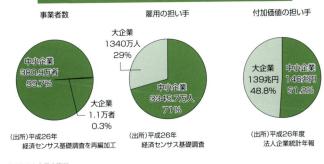

> **COMMENT**
> 中小企業は、日本経済の中で大きな割合を占めています

開廃業率の国際比較

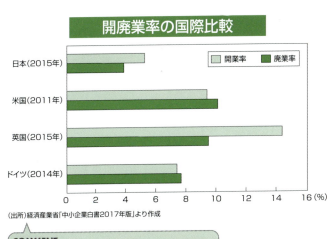

> **COMMENT**
> 国際的に見て、日本は開業率も廃業率も低水準です

21 企業の社会的責任（CSR）
利益追求とは相反しない

> 企業の社会的責任（CSR：Corporate Social Responsibility）が重視されるようになっています。企業は単に経済活動を行って、利益を上げるだけの存在であるべきではない、企業もまた社会的な存在である以上、一定の社会的責任を果たすべきだというものです。その内容としては、法令の遵守はもちろんのこと、環境保護、労働安全、消費者保護への取り組み、地域社会への貢献などがあります。

　かつては、「企業は利益を追求することこそが、唯一の社会的責任である」との主張も多く見られました。しかし、近年では企業の利益追求とCSRは相反するものではなく不可分なもの、という認識が広まっています。その背景としては、次のような動きがあります。

　1つは、経済界の意識の高まりです。例えば、東日本大震災の後には、被災地で事業を行い、雇用創出等に取り組む企業が目立ちました。事業活動を通して、持続可能な経済成長と社会的課題の解決を図ることが、企業の役割であると認識されるようになってきました。

　もう1つは、市場が評価するようになったことです。社会的責任を果たしている企業に投資資金を提供しようとする社会的責任投資（Socially Responsible Investment、SRI）が広まってきました。投資対象企業が行う、環境（Environment、114ページ参照）、社会（Social）への取組み、ガバナンス（Governance）の状況等を運用の基準として重視するESG投資が、投資の運用の基準として重視されるようになっています。

52　第Ⅱ章　雇用・産業・企業の動き

トリプル・ボトムラインの考え方

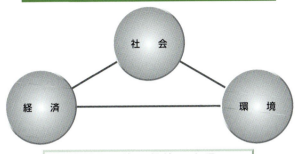

持続可能な経済の実現

COMMENT
企業は利益のことだけでなく、環境、社会問題を同時に意識していくことが必要となっています

経済同友会アンケート調査(2014)

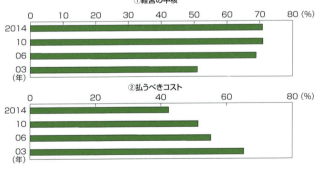

(出所)経済同友会「日本企業のCSR」自己評価レポート2014(経営者意識調査)」

COMMENT
CSRを多くの経営者は「経営の中核」と捉えており、「払うべきコスト」と考える経営者は減っています

22 賃金・労働分配率
労働の対価は変化する

> 1990年代後半以降、いわゆる団塊世代の引退や非正規化、景気の低迷もあって労働者1人当たりの平均賃金は低下する傾向にあります。また、生産の増加等により得られた所得のうち、賃金などに分配される比率である労働分配率は低下する傾向にあります。

　賃金には、雇用契約上で定められた時間に対する「所定内給与」や残業に対して支払われる「所定外給与」があります。また、年間の賞与や臨時に支払われる一時金など「特別給与、その他の給与」があります。また、企業側が社会保険料の一部を負担する部分も、労働者側が受け取る報酬の一部として考えられており、国民経済計算の枠組みでは、賃金・俸給と合わせて「雇用者報酬」と呼ばれています。

　労働分配率とは、生産された付加価値やそれから得られた国民全体の所得のうち、賃金等で労働者に還元されている割合を示すもので、一般的に「雇用者報酬／国民所得（あるいは国内総生産）」や「人件費／付加価値」として算出します。

　景気の後退期においては、国民所得（や国内総生産）が縮小するのに対して、雇用者報酬（つまり賃金）はすぐには変化しないため、急上昇することがあります。

　1990年以降の労働分配率の推移を見ると、2000年代前半や2010年代に低下しています。この背景としては、景気が好調で生産活動が盛んとなる中にあっても賃金が大きくは伸びず、企業が受け取る利益（法人所得）や海外からの財産所得が拡大していることがあります。

54　第II章　雇用・産業・企業の動き

１人当たり平均賃金の推移

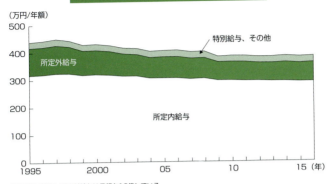

(注)所定内給与・所定外給与は月額を12倍している
(出所)厚生労働省「毎月勤労統計調査」(就業形態計、全規模全産業)

COMMENT
所定外給与は景気回復期に所定外労働時間(残業)が増えると上昇することがあります

労働分配率の推移

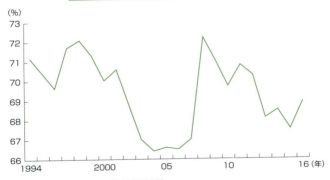

(注)労働分配率＝雇用者報酬/国民所得(要素価格表示)
(出所)内閣府「国民経済計算」より作成

COMMENT
2000年代前半や2010年代前半には、労働分配率が低下しました

Coffee Break
人工知能・IoT／M&A

人工知能（Artificial Intelligence, AI）、IoT（Internet of Things, モノのインターネット化）

　人工知能（AI）とは、人間の脳が行っている知的作業をコンピュータで模倣したシステムのことです。人間が使用する自然言語の理解や、論理的な推論、経験からの学習などを行うコンピュータプログラムにより成り立っています。長時間にわたり膨大なデータを扱うことができるため、ビッグデータ（122ページ参照）を利用した解析から新しい発見を見出すことなどが期待されています。さらに、従来は主にパソコンやプリンター等のIT関連機器が接続されていたインターネットに、それ以外のモノを接続する「Internet of Things」により、様々な機器の利用管理情報をAI等で解析し、その結果をもとにし最適な機械動作を行う技術が発達しています。

M&A（Mergers and Acquisitions）

　企業がほかの企業を買収・合併することをM&Aといいます。我が国でも2000年以降急速に拡大し、定着しました。M&Aの効果としてよくいわれるのが、1プラス1が2でなく、3や4になるというシナジー効果（相乗効果）です。経営資源の有効活用や投資コストの節約、時間節約などの面でシナジーが期待されています。買収側の目的としては、規模拡大や新規市場への参入などが多く、売却側の目的としては、コア事業へ集中するための周辺事業からの離脱や不採算部門の撤退などがあります。買収対象会社の同意を得ない敵対的買収という手段もありますが、我が国では米国よりハードルが高く、あまり事例はありません。

第Ⅲ章
経済政策のポイント

23 マクロ経済政策

経済全体をどう調整するか

> 経済の状況は、景気の変動によって必ず良いときと悪いときが繰り返されます。景気の変動を小さくしようとしたり、完全雇用の達成や物価の安定といった経済全体のバランスを図ろうとするのが、マクロ経済政策です。

　マクロ経済政策には、財政政策と金融政策があります。代表的な財政政策は所得減税と公共投資の増大です。所得減税は家計の可処分所得を増やし、個人消費を増やします。公共投資はそれ自身が需要となって生産、消費を増やします。金融政策では金利操作が代表的です。日本銀行は景気が悪いときには、金利を引き下げて投資資金を調達しやすくします。

　1990年代初頭のバブル崩壊以降、政府、日銀は、こうした手段を多用して、景気の回復を試みました。次項で説明するアベノミクスの第1の矢、第2の矢は、大胆な金融政策と機動的な財政政策であり、まさにマクロ経済政策です。

　マクロ経済政策運営においては、国内経済情勢だけでなく、海外の経済情勢や経済政策との相互作用を考慮に入れる必要があります。マンデル＝フレミングの議論（右ページ参照）が示すように、世界的な財政政策の協調がない場合、財政政策の効果は限定的となります。金融政策は世界的な協調がない場合でも効果を発揮する一方、他の国に輸出を増やし、他国に不況を輸出する側面を持っています。大国の場合、自国の金融の緩和が他国の金融の緩和につながり、逆に他国の景気を刺激することもあります。

　また、長期的な影響についても考慮する必要があります。財政支出の拡大は財政赤字の拡大につながり、長期的には経済にマイナスに作用する可能性があります。

58　第Ⅲ章　経済政策のポイント

2000年代後半以降の景気対策

時期	名称	内閣	国費、事業費(兆円)
2008/ 8/29	安心実現のための緊急総合対策	福田	国費2.0、事業費11.7
10/30	生活対策	麻生	国費5.0、事業費26.9
12/19	生活防衛のための緊急対策	麻生	財政10、金融33
2009/ 4/10	経済危機対策	麻生	国費15.4、事業費56.8
12/ 8	明日の安心と成長のための緊急経済対策	鳩山	国費7.2、事業費24.4
2010/ 9/10	新成長戦略実現に向けた３段構えの経済対策〜円高、デフレへの緊急対応〜	菅	国費0.9、事業費9.8
10/ 8	円高・デフレ対応のための緊急総合経済対策〜新成長戦略実現に向けたステップ２〜	菅	国費5.1、事業費21.1
2011/10/21	円高への総合的対応策〜リスクに強靭な社会の構築を目指して〜	野田	国費2.0、事業費23.6
2012/11/30	日本再生加速プログラム〜経済の再生と被災地の復興のために〜	野田	国費1.3、事業費2.0
2013/ 1/11	日本経済再生に向けた緊急経済対策	安倍	国費10.3、事業費20.2
12/ 5	好循環実現のための経済対策	安倍	国費5.5、事業費18.6
2014/12/27	地方への好循環拡大に向けた緊急経済対策	安倍	国費3.5
2016/ 8/ 2	未来への投資を実現する経済対策	安倍	事業規模28.1、財政措置13.5

COMMENT
リーマン・ショックの際には特に大規模な対策が打たれました

マクロ経済政策の考え方(景気刺激の場合)

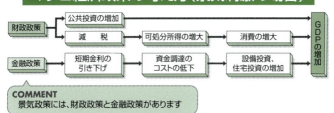

COMMENT
景気政策には、財政政策と金融政策があります

マンデル・フレミングの考え方

財政支出拡大の場合

財政支出拡大のプラス効果が輸出減少によって相殺されるため、
財政政策の効果は小さい。

金利引き下げの場合

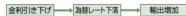

金利引き下げのプラス効果に輸出増加が加わるため、金融政策の効果は大きい。

COMMENT
資本の移動が自由な国際経済の枠組みの中では、財政政策の効果は小さく、金融政策の効果は大きいというのが、マンデル・フレミングの考え方です

24 アベノミクス
3本の矢でデフレ脱却を目指す

> 2012年末に発足した第2次安倍内閣は、大胆な金融政策を第
> 1の矢、機動的な財政政策を第2の矢、民間投資を喚起する
> 成長戦略を第3の矢とする3本の矢からなる経済政策を掲
> げ、推進しました。これがアベノミクスと呼ばれるようにな
> りました。その後打ち出された新3本の矢、一億総活躍社会
> などの政策も含まれます。

　アベノミクスは第2次安倍内閣が推進する経済政策等を指
します。第2次安倍内閣は発足時に、骨格となる政策として
重点分野を3本の矢と表現し、国民に提示しました。
　第1の矢は金融緩和で、デフレマインドを払拭するという
ものです。日銀総裁に積極緩和派の黒田東彦氏が就任し、日
銀は積極的な緩和策を実行しました。第2の矢の財政政策
は、大規模な経済対策予算によって実行しました。第3の矢
の成長戦略は、国家戦略特区の指定などを通じて推進してい
ます。3本の矢により、企業の業績改善、雇用の拡大や所得
の上昇、さらなる消費の増加をもたらすという「経済の好循
環」を実現しようとしています。
　アベノミクスは、発足当初は経済政策中心でしたが、社会
政策も含むように変化しています。2015年9月に発表された
新3本の矢では、第1の矢に「希望を生み出す強い経済」を
掲げ、GDP600兆円達成を目標としました。第2の矢には「夢
をつむぐ子育て支援」を挙げ、希望出生率1.8を目標としま
した。第3の矢には「安心につながる社会保障」を掲げ、介
護離職ゼロを数値目標としました。新3本の矢を通じ、一億
総活躍社会を目指すこととしました。2016年には、これに働
き方改革も加わりました（36ページ参照）。

60　第Ⅲ章　経済政策のポイント

3本の矢

大胆な金融政策	黒田総裁の任命	インフレターゲットの導入やマイナス金利を含む金融緩和策の実行
機動的な財政政策	公共事業予算の拡大を中心とする経済政策パッケージの導入	2012年度の補正予算は総額13兆円
成長戦略	国家戦略特区の導入などの規制緩和	一部地域の民泊の解禁、家事支援外国人の受け入れなど

COMMENT
3本の矢は政策の分かりやすさも評価されています

新3本の矢

希望を生み出す強い経済	名目GDP600兆円の目標	金融緩和の継続、法人減税、拡大した公共事業費の維持
夢をつむぐ子育て支援	希望出生率1.8の目標	保育園の増設、教育の無償化範囲の拡大
安心につながる社会保障	介護離職ゼロの目標	介護職員の賃金の引き上げ、介護休業制度の拡充

COMMENT
新3本の矢は、社会政策も含んでいます

25 物価・デフレ
経済の体温計

> 物価の変動が重要なのは、物価の安定自身が経済政策の重要な目標であることと、物価の変動が需給バランスの変化などを示す重要な指標だということによります。いわば経済の体温計のようなものです。熱を上げないことも必要ですが、それがどこかに病気があることを示してもいるのです。

　物価の動きを見る指標としては、消費者が購入する価格を指数化した「消費者物価指数」が最も代表的なものです。このほかに、企業間で取引する財の価格の動きを示す「企業物価指数」および GDP ベースでの物価の動きを示す GDP デフレータがあります。GDP は、輸出を加え、輸入を差し引くことによって求められるため、GDP デフレータは、国内要因による物価変動を示す指標となります。

　日本の消費者物価は、2000年代に長きにわたって下落し、リーマン・ショック後再び下落するようになりました。消費者物価は原油価格の影響なども受けますが、国内の需給（GDP ギャップ、70ページ参照）と連動した動きをします。

　物価が継続的に下落することを「デフレ」といいます。デフレは企業の収益を悪化させ設備投資を抑制する、負債を持つ経済主体の実質負担を増加させる、物価下落により家計が将来についても継続的な物価下落を織り込み消費を先送りする、などを通じ経済全体にマイナスの影響をもたらします。そしてその状態が続くとさらなる物価下落（デフレ）が生じ、デフレスパイラルを招く懸念があります。政府・日銀はデフレからの脱却を図るためこれまで様々な経済政策を実施しています。2013年には政府・日銀共通の認識として、物価安定目標に具体的な数値目標（２％）を設定しました。

62　第Ⅲ章　経済政策のポイント

企業物価指数(CGPI)と消費者物価指数(CPI)の構成 (2015年基準)

(単位:%)

企業物価指数 (100.0)

国内需要財【国内品＋輸入品】(100.0)		
素原材料	中間財(53.5)	最終財(36.4)
	うち製品原材料(34.3)	資本財(11.2) / 消費財(25.2)

消費者物価指数

サービス(50.3)		生鮮食品(4.1)	財(生鮮食品を除く)(45.5)
公共サービス(12.9)	一般サービス(37.6)		

COMMENT
企業間で取引される財貨・サービスの物価の動きは企業物価指数で、私たち家計が購入する財貨・サービスの物価の動きは消費者物価指数で分かります

消費者物価とGDPギャップ

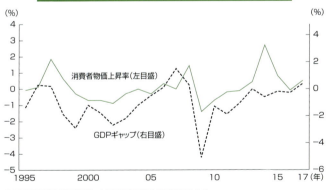

(出所)総務省「消費者物価指数」、内閣府月例経済報告関連資料より作成

COMMENT
物価は安定していることが望ましいのですが、2000年代以降下落が続く時期が多かったことが分かります

63

26 社会インフラ整備
適切な維持更新が課題

> 戦後の日本経済では、高度経済成長で経済規模が拡大するのに歩調を合わせるべく、積極的な社会インフラ整備が進められました。社会インフラ整備で過密過疎問題や地域間格差を解消するという国土の均衡ある発展を実現しようとしました。近年では、国土の強靭化や老朽化したインフラの維持更新が課題となっています。

　社会インフラ（social infrastructure）は、生活や産業を支える基盤となる施設を指し、公共投資等を通じて整備されます。道路、鉄道、空港、港湾、電気、ガス、水道、通信網、文教施設、医療・社会福祉施設などが含まれ、近年では、民間企業や民間非営利団体等を通じて整備されるものも多くあります。公共投資は、1990年代に景気対策の一環として行われたことから拡大した後、2000年代には急激に削減されました。2011年の東日本大震災以降は、復興需要とオリンピック特需もあり、再び増加していますが、GDPも増加したので対名目GDP比で見ると安定した水準にあります。

　政府の公共投資を重点的、効果的かつ効率的に推進するために策定する社会資本整備重点計画（第4次計画、計画期間：2015〜20年度）では、①加速するインフラ老朽化、②脆弱国土（切迫する巨大地震、激甚化する気象災害）、③人口減少に伴う地方の疲弊、④激化する国際競争を構造的課題として取り上げました。その上で、維持管理の業務サイクルの構築・維持管理技術の向上、公共施設の耐震化の推進、コンパクトシティの形成、インフラシステムの海外展開などの政策を推進しています。民間資金等活用事業の推進、公共事業の人材の確保・育成も強調されています。

64　第Ⅲ章　経済政策のポイント

政府固定資本形成の対名目GDP比の推移

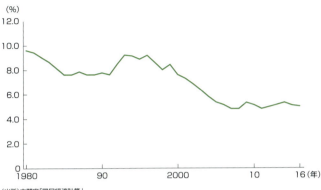

(出所)内閣府「国民経済計算」

COMMENT
対名目GDP比は安定してきています

公共事業関係費の内訳(平成29年度当初予算)

(出所)国税庁ホームページ

COMMENT
限られた予算を効率的に配分するため、不断の見直しが必要です

27 競争政策・規制改革
市場メカニズムを機能させるための制度

> 市場における自由な競争は、近代以降の経済社会の発展に大きく貢献してきました。しかし、自由な競争環境は簡単には維持できません。民間経済主体自身が市場の中で競争を阻害し利益を得ようとする独占の問題や、政府による過剰な規制により、競争が阻害されてしまうことがあり得るからです。競争政策や規制改革はこれらの課題に対処しようとするものです。

　競争政策は独占禁止法の執行を通じて実行されます。独占禁止法は、正式には「私的独占の禁止及び公正取引の確保に関する法律」です。私的独占の禁止、不当な取引制限（カルテル）の禁止、事業者団体の規制、企業結合の規制、独占的状態の規制、不公正な取引方法に関する規制などを定めています。独占禁止法の補完法として，下請事業者に対する親事業者の不当な取り扱いを規制する「下請法」があります。

　これらを通じ、入札談合や、下請けいじめ、極端に市場シェアの大きな企業の発生、再販売価格維持行為などを禁じています。違反者・団体・企業には、課徴金が課されたり、刑事処分が下されたりします。

　規制改革は広い意味での競争政策です。規制の中には、本来の役割は終わって、むしろ弊害が目立つものがあり、不断の見直しが必要です。通信や電力の自由化は規制緩和が大きな経済効果を発揮した具体例です。規制改革を担うのが、内閣府規制改革推進会議（前身は規制改革会議）です。

　さらに、一部地域で実験的・先行的に規制改革を行う国家戦略特別区域の指定も行われています。例えば民泊は指定された国家戦略特区（大田区、大阪市など）で解禁されたのち、2018年6月より全国で行えるようになりました。

独占禁止法の目的と規制内容

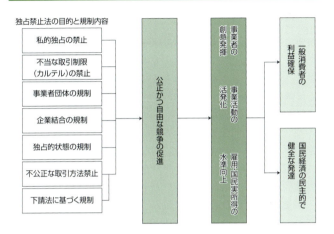

(出所)公正取引委員会ホームページ

COMMENT
独禁法は自由競争を維持・発展させる重要な手段です

規制緩和の経済効果のロジックの一例

COMMENT
規制緩和には新しい企業を呼び込み、競争を促進し、経済を効率化する効果があります

28 消費者行政
消費者の自由な取引や安全・安心をサポート

> 消費者が、自由に様々な商品・サービスを選び、購入できることが、活発な経済活動の前提です。しかし、消費者は、事業者（企業）に比べて、商品・サービスに対する情報が少なく（情報の非対称性）、トラブルが発生したときの交渉力が劣ります。この格差を縮めるのが消費者行政の役割です。

　消費者と事業者の間の格差を縮めるため、消費者行政では、事業者を「規制」し、消費者を「支援」してきました。

　事業者に対する「規制行政」として、かつては、特定の産業・事業の事業者の活動をあらかじめ規制する事前規制が中心でした。こうした「縦割り」行政では、「すき間」に陥る消費者問題が出てきます。そこで、分野横断的なルールを整え、悪質な事業者の監視・取り締まりや、被害を受けた消費者を救済する制度が充実してきました。例えば、消費者と事業者の契約に関する一般的なルールを定めた消費者契約法などです。

　トラブル・被害にあった消費者への「支援行政」が、消費生活相談です。3桁の電話番号188（いやや）で、各地の消費生活センター等につながります。一方で、賢い消費者を育てるために、消費者教育の充実を図っています。

　最近では、持続可能な望ましい社会の構築に向けて、消費者による倫理的（エシカル）消費、事業者による消費者を重視した「消費者志向経営」が注目されています。こうした消費者・事業者による自主的な取り組みを後押しする「協働行政」も展開されています。

消費生活相談件数の推移

(出所)消費者庁「消費者白書 平成29年版」
(備考) 1. PIO-NETに登録された消費生活相談情報(2017年3月31日までの登録分)
2. 1984～2006年度は、「年度」データを集計。2007～2016は「年」データを集計
3. 「架空請求」とは、身に覚えのない代金の請求に関するもの。2000年度から集計
4. 2007年以降は経由相談のうち「相談窓口」を除いた相談件数を集計

COMMENT
全国共通の電話番号「消費者ホットライン」188(いやや)で、消費生活のトラブル等を相談できます

消費者行政の主な手法

	消費者被害の発生・拡大防止	被害に遭った消費者の救済	消費者の自主的・合理的な選択
規制行政	各種業法による 事前規制・参入規制 行為規制・事後規制 法の執行(命令、指導、罰則)	民事ルールの整備 (不適切な行為については消費者が契約を解除できるとするルール)	不当な表示の禁止 表示の義務付け
支援行政	事故発生後の注意喚起 消費者教育 (悪徳商法等に対する)消費者団体による差し止め	消費生活相談(「188」に電話で相談) 行政機関が提供する裁判外紛争解決制度(ADR) 消費者団体による訴訟制度	消費者教育 (不当な表示等に対する)消費者団体による差し止め
協働行政	企業や業界団体による自主行動基準制定の支援	高齢者や障害者等に対する「見守りネットワーク」の構築	エシカル消費の促進 消費者を重視した経営(消費者志向経営)の促進

COMMENT
行政の手法も時代とともに変わります

Coffee Break EBPM／GDPギャップ

EBPM

　EBPM とは Evidence Based Policy Making の頭文字を
とったもので、実証に基づく政策立案ということになります。
もともとは、医療の分野で進んだ根拠に基づく医療（EBM：
Evidence Based Medicine）に強く影響を受けて登場した概
念です。厳密な実験的手法（無作為化比較実験、RCT）の利
用を強調する一方、専門家の意見のみを根拠とすることは、
最もエビデンスの度合いが低いとしています。英国が主導
し、米国でもオバマ政権下で推進されました。日本では、統
計の改善やデータの利活用推進の動きと連動し、総理大臣決
定で設置された統計改革推進会議の最終報告（2017年5月）
において、GDP 統計の改善や官民データの活用推進、政府
における EBPM 推進体制構築などが決まりました。

GDP ギャップ

　経済が潜在成長率で成長した場合の経路と現実の成長経路
との差を GDP ギャップといいます。経済の供給力と現実の
需要とのギャップでもあるので「需給ギャップ」とも呼ばれ
ます。例えば、GDP が成長力より3％低い水準にあるとき
は、GDP ギャップはマイナス3％となります。これは生産能
力が3％余っていることを意味します。つまり経済全体の稼
働率のようなものです。

　潜在成長率に見合った成長を実現することが望ましいこと
はいうまでもありませんから、需給ギャップをプラス方向に
もマイナス方向にも大きくしないような経済運営が求められ
ることになります。

第Ⅳ章

財政・金融の課題

29 財政の基本的な機能
公共サービス、所得再分配、経済の安定

国や地方公共団体などの公共部門が行っている活動を歳出歳入の両面から見るのが財政です。財政活動を通じて公共部門が行う役割としては、公共サービスの提供、所得再分配、経済の安定化の３つがあります。

第１の公共サービスの提供は、特定の財・サービス（公共財）については、市場メカニズムがうまく作用しないため、政府がこれを行おうとするものです。ただし、何を公共財と考えるかについては、議論が分かれる場合もあります。

第２の所得再分配は、政府が経済的に恵まれた人々から恵まれない人々に所得を再配分しようというものです。生活保護、医療・年金制度などの社会保障がその代表的なものです。ただし、多くの国が財政赤字を抱える中、財政破綻のリスクを意識した運用が重要となってきています。

第３の経済の安定化機能は、経済の不安定な変動を防ぐために、必要に応じて減税や公共投資支出を行うという財政政策がこれに当たります。ただし、近年では、短期的な経済変動への対応としては、財政政策よりも金融政策を重視する傾向が強まっています（58ページ参照）。

国の財政を概観してみますと、歳出では社会保障、公共事業、文教・科学技術振興、防衛が主な項目となっており、中でも近年は社会保障の伸びが高まっています。歳入では所得税と法人税が中心であり、消費税などの間接税の比率は国際的にも低いものとなっています。また、歳出と歳入のバランスが崩れ、公債依存率（歳出を公債によって賄っている分の割合）が高まっており、財政再建が急務となっています。

72　第Ⅳ章　財政・金融の課題

主要国の一般政府支出の内訳(対名目GDP／2015年)

(単位：%)

	日本	米国	英国	フランス	ドイツ	イタリア
一般サービス	4.1	5.2	4.5	6.3	6.0	8.4
防衛	0.9	3.3	2.1	1.8	1.0	1.2
治安	1.3	2.0	2.0	1.6	1.6	1.9
経済	3.7	3.3	3.1	5.7	3.1	4.1
環境保護	1.2	0	0.8	1.0	0.6	1.0
居住環境	0.7	0.5	0.5	1.1	0.4	0.6
保健・医療	7.7	9.1	7.6	8.2	7.2	7.1
文化・教養・宗教	0.4	0.3	0.7	1.3	1.0	0.7
教育	3.4	6.1	5.1	5.5	4.2	4.0
社会保護	16.1	7.8	16.4	24.6	19.0	21.4
合計	39.4	37.7	42.9	57.0	44.0	50.5

(出所)OECD

COMMENT
社会保護と保健・医療は各国で大きなシェアに及んでいます

2017年度一般会計歳出の内訳

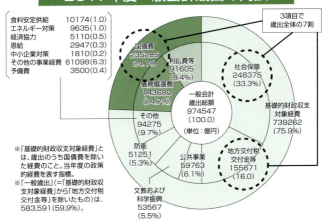

※「基礎的財政収支対象経費」とは、歳出のうち国債費を除いた経費のこと。当年度の政策的経費を表す指標。
※「一般歳出」(=「基礎的財政収支対象経費」から「地方交付税交付金等」を除いたもの)は、583,591(59.9%)。

(注1)計数については、それぞれ四捨五入によっているので、端数において合計とは合致しないものがある
　2)一般歳出※における社会保障関係費の割合は55.6%
(出所)財務省ホームページ

COMMENT
社会保障、地方への再分配、公共事業などが国の支出の主な中身です

30 一般会計と特別会計

特別会計の整理が進んでいます

> 政府の会計は、一般会計と特別会計に大別されます。一般会計は、政府の業務一般にかかわる経理全般を扱い、特別会計は、一般会計とは分離して設けられる会計です。特別会計のデメリットが問題となり、2003年から特別会計改革が進められました。

　政府（国、地方自治体）の会計は、一般会計と特別会計に大別されます。一般会計は、政府の業務一般にかかわる経理全般を扱います。国債や地方債の元利の償還である国債費、公債費も一般会計の歳出に含まれます。

　一方、特別会計は、政府が特別な事業を行ったり、特別な資金を運用する際に、一般会計とは分離して設けられる会計です。

　分離するメリットとしては、①受益と負担の関係を明瞭にすることができ、②そのため受益者の負担や、経費の節減が進めやすく、③特有な事情に応じて弾力的に運用しやすい、といった点が挙げられます。一方デメリットとしては、①経理を網羅することができなくなること、②経理の明確化、財政の健全性の確保がしにくくなる、という点が挙げられます。特別会計には、年金特別会計（この中には健康勘定も含まれます）、国債整理基金特別会計、財政投融資特別会計、外国為替資金特別会計などが含まれ、予算規模自体は、非常に大きく（歳出総額は2017年度当初予算で約396兆円）、運用には慎重さが求められます。特別会計のデメリットが問題となり、2003年以降、特別会計の見直しが進みました。特別会計数は、17年度の時点では、13にまで減少しています。

74　第Ⅳ章　財政・金融の課題

平成30年度一般会計予算概算額(平成29年12月22日)

(単位：億円)

	2017年度当初予算額	2018年度概算額
歳入		
1　租税および印紙収入	577120	590790
2　その他収入	53729	49416
3　公債金	343698	336922
合　計	974547	977128
歳出		
1　国債費	235285	233020
2　一般歳出	583591	588958
3　地方交付税交付金等	155671	155150
合　計	974547	977128

特別会計数の推移

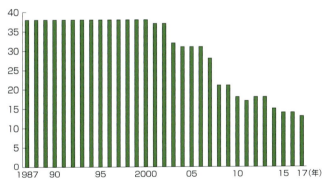

(出所)財務省ホームページ

COMMENT
2003年2月25日の衆議院財務金融委員会で、塩川財務大臣(当時)は、特別会計に関する答弁の中で、一般会計と特別会計の現状を「要するに、母屋ではおかゆ食って、辛抱しようとけちけち節約しておるのに、離れ座敷で子供がすき焼き食っておる、そういう状況が実際行われておるんです」と述べました

31 財政赤字・プライマリーバランス
問われる持続可能性

日本の財政で最大の問題点は、財政赤字が大きいことです。財政赤字を見るには、毎年の赤字規模を見るフローと、累積赤字である債務残高を見るストックの見方があります。日本はどちらで見ても先進諸国中最悪の状態となっています。

　日本の財政の最大の課題は、巨額の赤字の存在です。特に深刻なのが、プライマリーバランス（基礎的財政収支）で見ても赤字であることです。プライマリーバランスとは税収と税外収入を加えた金額から、歳出から利払い費および債務償還費を除いた金額を引いた値です。これが赤字であるということは、政策的経費である一般歳出を借金に頼らない収入で賄えていないことを意味します。プライマリーバランスの赤字が続けば、財政は長期的には破綻します。

　国の経済財政諮問会議に提出された中長期の経済財政に関する試算（2018年1月）では、国と地方を合わせた財政赤字とプライマリーバランスは、一貫して赤字であり、現状を延長したベースラインシナリオでは、予測の最終年度である2027年度においても黒字化しません。累積債務残高の対名目GDP比も、安定的に低下する姿は描けていません。

　財政赤字の深刻さを、国際比較で確認してみましょう。国、地方、社会保障基金を合わせた一般政府という枠組みで見ると、日本は累積債務残高の対名目GDP比が234%と極端に高い状態にあることが分かります。社会保障支出の増大に歯止めがかけられない一方、それに対応する歳入面の改革が十分行われず、長年にわたり赤字を続けた結果です。諸外国のケースを見ても財政破綻の経済社会に与える影響は甚大なものであり、財政の再建は急務となっています。

国と地方の財政収支・プライマリーバランスの推移(対名目GDP比、年度,ベースライン)

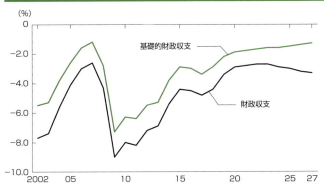

(出所)内閣府ホームページ

COMMENT
ベースラインでは赤字解消の目途が立っていません

国全体の借金(債務残高)の国際比較(2005年と2015年、対名目GDP比)

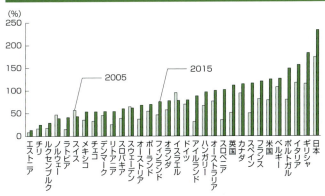

(出所)OECDホームページ

COMMENT
我が国の政府の借金は、OECD加盟諸国中最悪です

32 税制改革・消費税
消費税の引き上げをめぐる攻防

> 国の歳入は租税収入か公債によって賄われます。税制の姿は、歳入のレベルを決めるだけでなく、企業や家計のインセンティブに働きかけたり、所得再分配を行うという役割も果たしています。

　経済社会の構造変化を受けて、税制も様々な改革が求められています。高齢化による社会保障支出の増大に対応して、歳入を増やす必要に迫られているだけでなく、働き方改革の推進、ICT（情報通信技術）の進展やグローバル化への対応も必要です。

　歳入を増やす点では、消費増税が大きな論点です。2014年に5％から8％への税率の引き上げが実現しましたが、8％から10％への引き上げは、2度にわたり延期されています。このほか、2015年1月から実施された相続税の基礎控除水準の引き下げは、課税件数の大幅な増加につながりました。

　働き方改革の推進という点では、配偶者控除や給与所得控除のあり方が論点となっています。配偶者控除が受けられる所得を超えないように労働時間を調整する人が多く、経済に中立的とはいえない状況にありますが、国民の合意を得るに至っていません。

　ICTの進展に伴い、ネットで納税ができるようになりつつありますが、まだ使い勝手が悪く、普及に時間がかかっています。せっかく導入したマイナンバーの活用も進んでいません。

　グローバル化への対応という点では、法人減税の進展が挙げられます。国際的に見て高かった法人税率は、近年大きく引き下げられ、他の先進諸国と同程度になっています。

78　第Ⅳ章　財政・金融の課題

税収の内訳

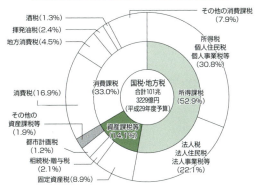

(出所)財務省ホームページ

COMMENT
消費課税が増えてきていますが、国際比較ではまだ小さいほうです

法人実効税率の国際比較

(2017年1月現在)

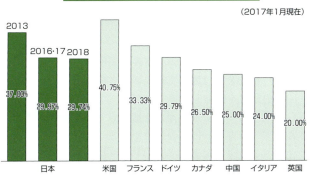

(出所)財務省ホームページ

COMMENT
法人税の実効税率は2017年1月時点ではドイツ並みになりました

33 地方財政
国より改善

日本の地方財政は、歳入面では国と地方の割合は6：4、歳出面では4：6となっており、歳入の多くを国に依存する構造になっています。地方財政は国と比較すると改善してきています。

　歳出額を比較すると、地方公共団体の方が、国より大きく、地方財政のあり方は重要です。都道府県、市区町村は、それぞれが独立した会計を持っており、それぞれの議会を通じて予算を決めています。しかし、収入の多くを地方交付税交付金や国庫支出金に依存しています。

　地方交付税は、国税の法定率分（所得税33.1％、法人税33.1％、酒税50％、消費税22.3％）を、一定の基準に基づき地方公共団体に配分するものです。国庫支出金は、国と地方公共団体の経費負担区分に基づき国が地方に対して支出する負担金、委託費、特定の施策の奨励または財政援助のための補助金等です。地方も公債を発行し、歳出の足りない部分を補填しています。

　総務省は地方財政計画（地方財政の規模や収支見通しを捉えたもの）を通じて、地方交付税や地方債などにより各地方公共団体の財源を調整しています。

　財政再建という点では、国より地方の方が進んでいます。全体としての地方は、借金の返済である公債費の方が、新たな借金である地方債による歳入より大きくなっています。国は平成25年度以降、地方交付税の総額を引き下げつつあります。ただ、地方債の残高は諸外国に比べて高水準であり、日本の地方財政の再建は急務だともいわれています。

国と地方との行政事務の分担

分野		公共資本	教育	福祉	その他
国		○高速自動車道 ○国道 ○一級河川	○大学 ○私学助成(大学)	○社会保険 ○医師等免許 ○医薬品許可免許	○防衛 ○外交 ○通貨
地方	都道府県	○国道(国管理以外) ○都道府県道 ○一級河川 (国管理以外) ○二級河川 ○港湾 ○公営住宅 ○市街化区域、 調整区域決定	○高等学校・特別 支援学校 ○小・中学校教員 の給与・人事 ○私学助成(幼～高) ○公立大学(特定の県)	○生活保護 (町村の区域) ○児童福祉 ○保健所	○警察 ○職業訓練
	市町村	○都市計画等(用途 地域、都市施設) ○市町村道 ○準用河川 ○港湾 ○公営住宅 ○下水道	○小・中学校 ○幼稚園	○生活保護(市の区域) ○児童福祉 ○国民健康保険 ○介護保険 ○上水道 ○ごみ・し尿処理 ○保健所(特定の市)	○戸籍 ○住民基本台帳 ○消防

(出所)総務省ホームページ

COMMENT
生活に密着する行政の多くは地方公共団体が担っています

国・地方間の税財源配分(平成27年度)

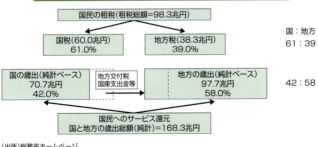

(出所)総務省ホームページ

COMMENT
税財源の地域間格差の是正のため、地方公共団体は全体としては国の財政に依存する形になっています

34 金融の役割
なぜ金融は重要か

> 金融の基本的な役割は、資金が余っている主体（資金余剰主体、貸し手）のお金を、資金が足りない主体（資金不足主体、借り手）が使えるようにすることです。もちろん、資金を利用するには料金を払う必要があります。それが金利です。金利が価格の役割を果たすことにより、事後的には経済全体の資金余剰と資金不足は一致することになります。

　金融を仲介するのが金融機関です。金融機関は、単に資金の余剰と不足を結び付けるだけではなく、①小口で集めた資金を集約して大口で貸し出す、②短期資金として集めた資金を長期資金として貸し出す、という役割を果たしています。その意味では、卸小売業と似ていますが、金融活動は経済活動全体のインフラでもありますから、特に安定した機能が求められます。金融機関に多くの規制があるのはこのためです。

　こうした一国全体の金融の姿がどうなっているかを見るのが「資金循環表」です。これは一定の期間（例えば1年）における、経済主体（金融機関、非金融法人企業、一般政府、家計、海外など）の資金の流れ（フロー）と、資産・負債の保有状況（ストック）を明らかにするものです。

　近年の日本の資金循環表を見ますと、①家計の資産保有が現金・預金、保険などの安全資産に偏っていること、②本来は資金不足主体であるべき非金融法人企業（金融以外の一般企業）が資金余剰主体となっていること、③巨額の財政赤字を反映して、一般政府が大幅な資金不足となっていること、④経常収支の黒字を背景として、海外部門が大幅な資金不足となっていること、などの特徴があります。

資金循環表の概要（金融資産、負債残高、兆円）

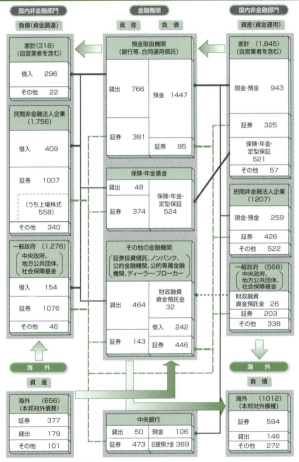

(出所)日本銀行ホームページ(2017年9月末)

COMMENT
家計は1800兆円以上の資産を持ち、政府は約1280兆円の負債を持っていることが分かります

35 金融政策
重要な日本銀行の独立性

> 中央銀行（日本では日本銀行）は、様々な金融調節手段を使って、物価安定と持続的な成長を実現しようとしています。これが金融政策です。金融政策は日本銀行が独立して決定することが定められていますが、これは、政治的な介入によってインフレ気味の政策がとられやすくなったりすることを防ぐためです。

　金融政策は、政策委員会（日銀総裁と2名の副総裁、6名の審議委員で構成）が月1～2回開催する金融政策決定会合でその運営方針を決めています。

　金融政策を実行していくための主な手段としては、短期金融市場における金融調節（公開市場操作）があります。具体的には、日本銀行が市中の金融機関から債券を購入すること（買いオペ）や、逆に債券を売却すること（売りオペ）により、短期金利（無担保コールレート翌日物）の水準を、会合で決定された政策金利の誘導目標（例えば2％）になるように調節します。

　短期金利が引き下げ（引き上げ）られると、その影響で長期金利も変化します。さらに、株価、為替レート、銀行の貸出行動、企業の設備投資、人々の先行き期待などにも影響が及び、様々な経路で実体経済に波及していきます。

　1990年代末以降、長引く経済低迷とデフレに対応するために、日本銀行は継続的に政策金利を引き下げた後、1999年にはゼロ金利政策、2001年には量的緩和政策を採用しました。2006年には量的緩和政策から金利政策に戻ったものの、08年のリーマンショック後さらに踏み込んだ手段が採用されていくようになりました（異次元金融緩和、90ページ参照）。

84　第Ⅳ章　財政・金融の課題

金融政策の波及経路

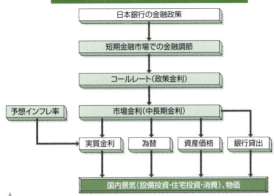

COMMENT
近年の金融政策は短期金融市場での金融調節(公開市場操作)が基本です。ゼロ金利政策以降は、これに加えて様々な方法が試みられています

オペレーション(公開市場操作)の仕組み

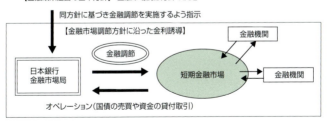

(出所)日本銀行ホームページ

COMMENT
金融政策決定会合が金融政策の方針を決定します

36 金利
短期金利、長期金利の変化の背景

金利には誰が借りるか（国が借りる国債の金利、企業が借りる社債の金利）、どの程度の期間か（3カ月程度の短期か、10年の長期か）などによって多くの種類があります。普通は期間が長くなるほど、また借り手の信用度が低くなるほど金利は高くなります。金利は政策運営上も、景気観測上も、重要な指標として位置付けられています。

　短期金利と長期金利（通常は1年以内のものを短期、それより長いものを長期と呼びます）では、変化の背景が異なります。短期金利は金融政策の影響を強く受けます。日本銀行は日々、市場に供給する資金量を操作することによって、短期金利をほぼ自由にコントロールすることができます。日本では、デフレや景気減速に対応するため短期金利は引き下げられ、極めて低い水準が続いています（90ページ参照）。

　一方、長期金利は短期金利の影響も受けますが、その期間に予想される種々の期待が影響するため、市場で決まる要素が強くなります。例えば、将来の景気回復期待が高まったり、インフレ期待が強まったりすると、長期金利は上昇します。景気が回復すると企業の資金需要が高まると予想され、物価が上昇すると名目金利も高まると予想されるからです。長期金利にはこのほかに、為替レート（または国際収支）、財政赤字などが影響します。

　金利は経済状態を示す指標としても重要です。例えば、横軸に期間、縦軸に金利をとったイールドカーブは、その傾きが急である場合は市場の景気上昇または物価上昇期待が強いことを、傾きが緩やか（極端な場合はマイナスの傾き）である場合は、先行き期待が弱いことを示しています。

86　第Ⅳ章　財政・金融の課題

市場金利の種類

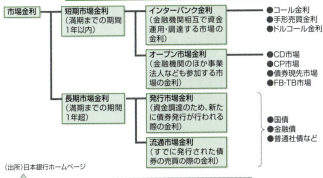

(出所)日本銀行ホームページ

COMMENT
金利には期間、取引の当事者などに応じて多くの種類があります

イールドカーブの変化

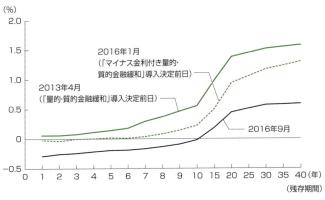

(出所)日本銀行「「量的・質的金融緩和」導入以降の経済・物価動向と政策効果についての総括的な検証(背景説明)」(2016年9月21日)資料

COMMENT
2016年9月以降の「イールドカーブ・コントロール」の下では、長期金利も日銀によりコントロールされています

37 貨幣と経済
通貨と経済の関係

日本経済全体の通貨量は、マネーストック統計により分かります。通貨量は増加が続いていますが、マネーストックと実体経済（GDP や物価など）との関係は、かつてほど密接でなくなってきています。

通貨量を示す指標のうち主なものとしては、現金と預金通貨（要求払預金）を合わせた「M1」、M1に準通貨（定期預金など）、外貨預金、譲渡性預金を加えた「M2」および「M3」があります。

M2と M3は対象とする通貨は共通ですが、M2はゆうちょ銀行や信用組合などが対象外となっており、M3には含まれています。このほか、M3に投資信託、国債などを加えた「広義流動性」があります。これら数値は、日本銀行の「マネーストック統計」に掲載されています。

景気が後退したり、物価が下がったりするときは、通貨量の伸びも低くなる傾向があります（景気上昇、インフレの場合は逆）。そこで、マネーストックの伸びを安定的に保つことが、物価安定と持続的成長にとっても重要ということになります。

現在、日本銀行はマネーストックを金融政策目標などの明示的な対象とはしていませんが、金融政策運営に当たり、金融・経済情勢を判断する際に用いる指標の１つになっており、M2の動きが重視されています。M2は2000年代以降平均すると３％程度で増加を続けています。

88　第Ⅳ章　財政・金融の課題

マネーストック統計

現金 要求払預金	定期性預金 外貨預金 譲渡性預金	金融債 銀行発行普通社債 金銭の信託	その他の 金融商品②

（通貨発行主体）

日本銀行 国内銀行（除くゆうちょ銀） 信用金庫　など

ゆうちょ銀行 信用組合　など

保険会社 中央政府 非居住者

M1　M2　M3　広義流動性

(注)金融機関発行CP、投資信託(公募・私募)、国債・FB、外債の合計
(出所)日本銀行資料

COMMENT
日本銀行ではM2の動きが重視されています

マネーストック

年	M1	M2	M3	広義流動性	名目GDP	M2 名目GDP
2003	433	678	1014	1254	527	1.3
2005	469	701	1029	1307	524	1.3
2010	492	775	1075	1436	500	1.6
2015	616	906	1223	1616	532	1.7
2016	660	937	1257	1649	538	1.7
2017	712 (7.9)	974 (4.0)	1300 (3.4)	1701 (3.2)	546 (1.5)	1.8

(出所)日本銀行、内閣府による。マネーストックおよびGDPの単位は兆円。カッコ内は2017年の前年比(%)

COMMENT
2017年にはM2は974兆円となりました。これは名目GDPの1.8倍に相当します

38 異次元金融緩和
非常事態での金融政策

> 景気低迷とデフレに対応するため、日本銀行は1999年2月に短期金利を０％まで引き下げた後、量的緩和など新たな政策手段に挑戦していきます。これらの新たな政策は「非伝統的金融政策」とも呼ばれています。

2000年代以降の日本経済は、デフレからの脱却を図るべく政策努力を続けてきました。日本銀行は継続的に政策金利を引き下げた後、99年2月に「ゼロ金利政策」、2001年3月にはゼロ金利を超えた量的金融緩和政策を導入しました。

08年の世界金融危機後、主要国の中央銀行は金利を極めて低い水準に引き下げるとともに、信用緩和、量的緩和など非伝統的な政策を相次いで導入していきます。10年には日本でも包括緩和政策が採用され、13年1月には、政府・日銀が一体となりデフレから早期脱却のために政策連携する旨の共同声明が出され、消費者物価上昇率2％を「物価安定の目標」とすることが決定されました。

さらに、日本銀行は、13年4月に量的・質的金融緩和を導入しました。黒田東彦日銀総裁が記者会見で「量的に見ても、質的に見ても、これまでとは全く次元の違う金融政策を行う」と発言したことから、「異次元金融緩和」とも呼ばれています。

16年1月には「マイナス金利付き量的・質的金融緩和」が採用された後、9月に新しい政策枠組みとして「長短金利操作付き量的・質的金融緩和」が導入されます。これにより、長短金利の操作（イールドカーブ・コントロール）が行われることとなり、長期金利（10年物国債金利）は０％程度となるように国債買い入れ等が行われています。

ゼロ金利政策以降の主な金融政策

1999年	2月	ゼロ金利政策
2000年	8月	ゼロ金利政策の解除
2001年	3月	量的緩和政策
2003年	10月	緩和継続（量的緩和政策をいつまで続けるのか）のコミットメントの明確化
2006年	3月	量的緩和政策の解除
2009年	12月	タームもの（3カ月もの）金利の誘導目標を導入（0.1%）
2010年	10月	包括緩和政策
2012年	2月	「中長期的な物価安定の目途」を公表（2%以下の領域で、当面1%）
	10月	政府との共同声明「デフレ脱却に向けた取組について」公表
2013年	1月	「中長期的な物価安定の目標」を公表（2%） 政府との共同声明「デフレ脱却と持続的な経済成長の実現のための政府・日本銀行の政策連携について」公表
	4月	量的・質的金融緩和
2016年	1月	マイナス金利付き量的・質的金融緩和
	9月	長短金利操作付き量的・質的金融緩和

COMMENT
ゼロ金利政策以降さらなる金融緩和のため、様々な手法が用いられるようになっています

伝統的金融政策と非伝統的金融政策

伝統的 金融政策	短期金利操作（0%超）
非伝統的 金融政策	量的緩和（長期国債買い入れ）
	信用緩和・質的緩和
	フォワードガイダンス（政策の先行きについての指針を明示）
	マイナス金利
	イールドカーブ・コントロール（長短金利操作）

COMMENT
信用緩和・質的緩和は、リスク資産の買い入れや買い入れ国債の年限長期化による緩和政策です

39 金融機関
銀行はどう変わるのか

> 金融機関には、銀行、証券、保険などがあります。その中心である銀行は、護送船団行政の変化、金融の自由化・国際化などの中で大きな変化を余儀なくされています。

　以下では、日本の金融の中心的存在である銀行を中心に考えましょう。1980年代前半頃までの日本の銀行には、次のような特徴がありました。第1は、メインバンク制によって、銀行と企業が長期的・固定的な関係を維持していたことです。日本の主要企業は、特定の銀行を「メインバンク」とし、高い融資シェア、株式の持ち合いなどをはじめとして緊密な関係を続けるところが多く見られました。

　第2は、銀行はつぶさないという、いわゆる「護送船団行政」によって守られていたことです。厳しい規制で金利面、非金利面での競争は制限されており、効率のよい銀行には超過利潤が発生していました。第3に、銀行の貸し出し、収益構造についても、①担保をとって貸し出すという形態が中心だったこと、②貸し出しがプロジェクトごとではなく企業単位で行われていたこと、③手数料より利子収入が中心であったこと、などの特徴がありました。

　こうした日本型銀行の特徴は、成長の減速、グローバル化の進展、金融面での規制緩和（いわゆる「ビッグバン」）、IT技術の進展などの中で変質しつつあります。①3大メガバンクにおいては、世界経済・市場環境変化への対応や量から質への「業務の選択と集中」、②地域金融機関においては持続可能なビジネスモデルの構築などによる収益向上が、課題となっています。

92　第Ⅳ章　財政・金融の課題

銀行など預金取扱金融機関の貸出規模(2017年3月末)

	機関数	貸出金(兆円)	シェア(%)
都銀・旧長信銀・信託	9	300.0	43.9
都市銀行	4	247.1	36.2
旧長期信用銀行	2	7.1	1.0
信託銀行	3	45.8	6.7
(うち主要7行)	7	292.9	42.9
地域銀行	106	251.0	36.7
地方銀行	64	193.1	28.3
第二地方銀行	41	50.8	7.4
小計(全国銀行)	115	551.1	80.6
協同組織金融機関	465	132.4	19.4
信用金庫	265	77.2	11.3
信用組合	152	13.8	2.0
合計(預金取扱金融機関)	580	683.4	100.0

(注)主要7行の係数は、都銀と信託の合計
(出所)金融庁資料により作成

金融業の課題と展望

<金融業を取り巻く環境の変化>
　少子高齢化・人口減少
　地域経済の疲弊
　グローバル経済の進展
　テクノロジーの進化
　国際的な規制強化の動き

<新たな金融業に向けて>
　顧客が認める価値を創造する金融業へ
　リスク変換機能と情報生産機能の強化
　顧客目線に立った経営戦略
　経営基盤の整備・拡充
　金融人材の育成

<金融の役割>
実体経済を支えること
金融自身が成長産業として経済をリードすること

(出所)金融庁「我が国金融業の中長期的な在り方について(現状と展望)」を参考に一部改編

COMMENT
金融機関は内外における大きな経済環境変化に直面しています

40 株式と経済
株価が持つ意味を考える

経済に関心を持つ人は、しばしば株価に注目します。株価は、資産価値として、景気指標として、経済に影響する要因として、多様な意味合いを持っているからです。

　株価はまず、資産としての株式の価値という側面を持っています。個人で株式投資を行っている人々は、保有している株式の株価が上昇すれば、自分が保有する資産が増えたことになります（キャピタル・ゲイン）。また、株価はマーケットがその企業の価値をどう評価しているかを示すものだといえます。企業業績が好転すれば、企業の評価も高まり、株価が上昇します。

　株価は、景気指標としても重要です。これまでの景気変動と株価の関係を見ますと、景気が良くなっているときは、株価も上昇することが多く、景気後退局面では、株価も下降傾向にあることが分かります。

　第3は、経済に影響するチャネルとしての株価です。株価の上昇は経済全体のマインドを明るくする効果があります。

　金融機関にとっても株価は重要です。銀行は一定の自己資本比率を維持することが求められていますが、保有株式の一部を自己資本とすることが認められています。このため、株価が下落すると、自己資本比率が低下し、それが大きい場合には、資産である貸し出しの方を抑制する必要が出てきます。リーマン・ショック後は、世界的に銀行の自己資本の質の強化が求められるようになっています。

94　第IV章　財政・金融の課題

株価と経済

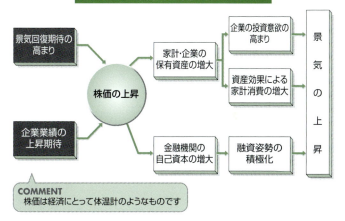

COMMENT
株価は経済にとって体温計のようなものです

1985年以降の東証株価指数

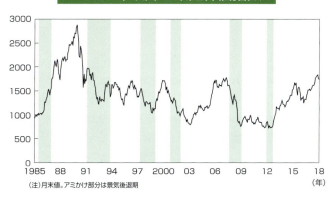

(注)月末値。アミかけ部分は景気後退期

COMMENT
株価は景気に応じて上下変動を繰り返しています

Coffee Break

フィンテック／インバウンド消費

フィンテック

　フィンテック（Fintech）とは、金融（Finance）と、技術（Technology）を組み合わせた造語です。2000年代半ば以降、金融分野においては、①携帯やスマートフォンの普及、②「ブロックチェーン（公開型の分散台帳）」、③AI（人工知能）の進展を背景に、これら技術を活用した新たな金融サービスを提供する「フィンテック企業」が次々と登場するようになりました。これら企業は銀行のように預金を預かる業務を担わないことも多い一方で、決済や信用仲介などを行っています。店舗やATMも不要のためその影響は途上国含めグローバルな動きとなり、既存金融機関や各国中央銀行でもその技術活用の検討が進んでいます。フィンテックによる新たな金融サービスは、金融の効率性向上や新たなビジネスチャンスを通じ経済発展に繋がることが期待されています。

インバウンド消費

　インバウンドとは、「外から内へ」という意味で、海外から日本を訪れた外国人観光客による消費のことです。

　訪日外国人の増加に伴い、インバウンド消費は堅調に伸びています。2017年には、約2900万人の外国人が日本を訪れ、インバウンド消費額は、5年前の約4倍となり、4兆円を突破しました。ただし、1人当たりの旅行支出では、中国人観光客による「爆買い」が一段落したことから、2015年の17.6万円がピークで、17年は15.4万円でした。

　政府は、2020年までに「訪日外国人4000万人、消費額8兆円」を目標に「観光立国」を目指しています。

第 V 章

日本経済の長期的課題

41 成長戦略
さらなる経済成長に向けて

> アベノミクスの第3の矢として、成長戦略が策定され、新たな分野等への民間投資が喚起されるよう改革が進められています。成長戦略によるイノベーション創出が期待されます。

　短期的な需要面からの経済政策は財政金融政策ですが、長期的視点に立ち、供給面から企業の生産性を高めてさらなる経済成長を実現させることを目的として成長戦略が策定され、それに基づいて改革が進められています。第2次安倍内閣では、第1の矢である金融政策、第2の矢である財政政策に加え、第3の矢として中長期的な成長を目指す「成長戦略」を進めており、2013年に「日本再興戦略」が策定されました。政策項目ごと成果指標（KPI：Key Performance Indicator）が設定されています。その後も改訂等が行われ、2017年には「未来投資戦略2017」が策定されています。

　中長期的に成長を持続させるためには、新たな分野でのイノベーションを進めていくことが求められます。企業や個人が活動しやすくなるよう構造改革を行うことも必要です。また国内需要だけでなく海外需要を取り込んでいくことも求められます。海外市場への輸出や進出のほか、訪日外国人旅行者数の増加などインバウンド需要の拡大などです。

　「未来投資戦略2017」では、参加者や期間を限定し、実証内容とリスクを説明した上での参加の同意を前提に、試行錯誤によるビジネスモデルの発展を促す、規制の「サンドボックス」（砂場）制度が創設され、また、データを活用した新しい財やサービスの提供を促すために、公共データのオープン化やデータ利活用に伴う制度構築が進められています。

98　第Ⅴ章　日本経済の長期的課題

これまでの成長戦略

	閣議決定日	コンセプト
日本再興戦略 ──JAPAN is BACK	2013年 6月14日	• アベノミクスの第3の矢として策定 • 3つのアクションプラン【「日本産業再興プラン」（産業基盤の強化）、「戦略市場創造プラン」（社会課題をバネに新たな市場の創造）、「国際展開戦略」（拡大する国際市場の獲得）】を打ち出す
日本再興戦略改訂2014 ──未来への挑戦	2014年 6月24日	• 経済の好循環を引き続き回転させていくため、改革に向けた10の挑戦項目を提示【コーポレートガバナンスの強化、公的・準公的資金の運用のあり方の見直し、産業の新陳代謝とベンチャーの加速・成長資金の供給促進、成長志向型の法人税改革、イノベーションの推進とロボット革命、女性のさらなる活躍推進、働き方の改革、外国人材の活用、攻めの農林水産業の展開、健康産業の活性化と質の高いヘルスケアサービスの提供】
日本再興戦略改訂2015 ──未来への投資・生産性革命	2015年 6月30日	• アベノミクス第2ステージとして、「未来投資による生産性革命」（人員削減や単なる能力増強ではない投資拡大とイノベーション創出により、付加価値の向上を後押し）と「ローカル・アベノミクスの推進」（地方創生と成長戦略が車の両輪）を打ち出す
日本再興戦略2016 ──第4次産業革命に向けて	2016年 6月2日	• 「戦後最大の名目GDP600兆円」の実現を目指す、新たな有望成長市場の戦略的創出（第4次産業革命の実現など）、「生産性革命」を実現する規制・制度改革（新たな規制・制度改革メカニズムの導入など）、イノベーションの創出・人材創出（プログラミング教育の必修化など）等
未来投資戦略2017 ──Society 5.0の実現に向けた改革	2017年 6月9日	• 第4次産業革命のイノベーションを、あらゆる産業や社会生活に取り入れることにより、様々な社会課題を解決する「Society 5.0」の実現に向けた、「戦略分野」への選択と集中（健康寿命の延伸など）、「データ基盤（リアルデータプラットフォーム）」の構築（公共データのオープン化など）、規制改革（規制の「サンドボックス」の創設など）等

(出所)首相官邸ホームページをもとに作成

COMMENT
将来を見据え、成長戦略が策定されています

42 人づくり
1人当たりの生産性を高める

> 労働力人口が減少していく中で、1人当たりの生産性を高めていくことが求められています。そのためには、それぞれが新しい知識を学び、スキルアップしていくことが必要です。

　一人ひとりの能力を高めること、すなわち人材への投資が人づくりです。政府が2017年末に策定した「新しい経済政策パッケージ」では、人生100年時代を見据え、「生産性革命」と「人づくり革命」が車の両輪とされています。

　この中では、今後、幼児教育から小・中・高等学校での教育、また大学等の高等教育、さらには社会人の学び直しに至るまで、生涯を通じて切れ目なく、質の高い教育を用意し、いつでも有用なスキルを身に付けることができる学び直しの場を提供する取り組みを進めることとしています。また、高齢者向けの給付が中心となっている我が国の社会保障制度を、子供・若者から高齢者まで誰もが安心できる「全世代型の社会保障」へ転換するとしています。

　幼児期の教育は、問題解決能力やコミュニケーション能力を習得する上で重要です。また、格差の固定化を防ぐため、いかに貧しい家庭に育っても、意欲があれば大学に進学できるようにする必要があります。

　幼児教育の無償化、「子育て安心プラン」の前倒しによる待機児童の解消、保育士の処遇改善、高等教育の無償化、介護人材の処遇改善については、消費税率10％への引き上げを前提として実行することとされています。

　出産・育児で離職した女性の学び直しは再就職につながるものとして、女性活躍の観点からも求められています。

100　第Ⅴ章　日本経済の長期的課題

家族関係社会支出の対GDP比の比較

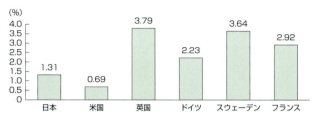

(出所)国立社会保障・人口問題研究所「社会保障費用統計」(2015年度)

COMMENT
日本は、欧州諸国に比べると、家族政策全体の財政的な規模が小さい状況です

「新しい経済政策パッケージ」(2017年12月)における「人づくり革命」の主な内容

幼児教育の無償化
- 3歳から5歳までのすべての子どもを対象に幼稚園、保育所、認定こども園の費用を無償化。0〜2歳児は、当面、住民税非課税世帯を対象として無償化。2019年4月から一部スタート。2020年4月から全面実施

待機児童の解消
- 女性就業率80%に対応できる32万人分の保育の受け皿を2020年度末までに整備(「子育て安心プラン」の前倒し)
- 保育士の賃金を、今年度の人事院勧告に伴う引き上げに加え、2019年4月から1%(月3000円相当)引き上げ

高等教育の無償化
- 低所得世帯に対して、大学等(大学、短期大学、高等専門学校および専門学校)の授業料の減免措置の拡充。給付型奨学金の支給額を大幅に増加。2020年4月から無償化実施

私立高等学校の授業料の実質無償化
- 年収590万円未満世帯を対象に私立高等学校授業料の実質無償化(安定的な財源を確保しつつ実現)。2020年度までに無償化

介護人材の処遇改善
- 勤続年数10年以上の介護福祉士に月額平均8万円相当の処遇改善。2019年10月から実施

リカレント教育
- リカレント教育を抜本的に拡充

(出所)「新しい経済政策パッケージ」(2017年12月8日閣議決定)

COMMENT
人生100年時代を見据え、人材へ投資する「人づくり革命」が進められていきます

43 男女共同参画・女性活躍
女性は最大の潜在力

> 日本では仕事と家庭を男女が分業していた社会が長く続いていましたが、女性の社会への参画が進みつつあり、人々の意識も変わりつつあります。

　男女共同参画社会とは、男女が互いに人権を尊重しつつ責任を分かち合い、性別にかかわりなく、その個性と能力を発揮できる社会です。夫は外で働き、妻は家庭を守るべきであるという、いわゆる性別役割分担意識も変わりつつあります。

　日本の女性の年齢階級別の労働力率は、いわゆる「M字カーブ」を描いていますが、以前よりもカーブの谷は浅くなっています。また、第1子を出産すると約6割の女性は退職していましたが、最近は就業を継続する人の割合が5割強となっています。女性の就業率が高まると、労働力人口が増加しますし、消費にもプラスの影響があります。また、イノベーションが生まれ、新しい財やサービスの提供につながるなど、GDPへのプラスの影響があると考えられます。

　「女性活躍推進法」（女性の職業生活における活躍の推進に関する法律）では、大企業等に対し、女性の採用や登用に関する数値目標を入れた行動計画を策定し、女性活躍や働き方に関するデータを公表することを義務付けています。

　女性活躍を評価したり後押ししたりする金融商品も増えています。最近では、機関投資家が、女性の取締役を任命することを要求する動きも見られます。

　男女共同参画（Gender Equality）は、国連のSDGs（持続可能な開発目標、156ページ参照）の目標の1つにも掲げられています。

102　第Ⅴ章　日本経済の長期的課題

女性の年齢階級別労働力率の推移

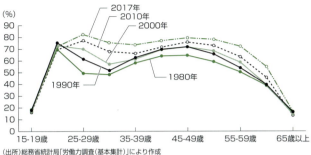

(出所)総務省統計局「労働力調査(基本集計)」により作成

COMMENT
いわゆるM字カーブの谷は過去に比べて浅くなっています

女性活躍が企業の競争力に影響を与える要因

企業経営における 女性活躍推進の4つの意義	競争力に与える影響
多様な市場ニーズへの対応	・プロダクト・イノベーション上の影響(顧客ニーズ等の適切な把握、製品・サービス開発・改良に対するイノベーション効果) ・プロセス・イノベーション上の影響(生産性・創造性にかかる効果、業務効率化等) ・顧客・消費者等の評価への影響
リスク管理能力や変化に対する適応力の向上	・取締役会のガバナンス機能の改善に係る影響
資本市場における評価の獲得、長期・安定的な資金調達	・投資家等からの評価に係る影響、資金調達に係る影響
労働市場における評価の獲得、優秀な人材の確保・維持	・採用活動上の影響 ・従業員のモチベーション・満足度、離職防止等に係る影響

(出所)経済産業省「なでしこ銘柄」(2017年)

COMMENT
女性活躍は企業の競争力に影響を与えます

44 人口構造の変化

進む人口減少、少子化、高齢化

> 日本の人口構造は今後大きく変化していきます。その変化は、①総人口が減少する（人口減少社会）、②低水準の出生率が続き、子供の数が減っていく（少子化）、③人口に占める高齢者（65歳以上）の割合が急速に高まる（高齢化）、の3つです。

国立社会保障・人口問題研究所の「日本の将来推計人口」（2017年）によって、これからの日本の人口構造の変化を概観してみましょう。

まず、2015年に約1億2700万人だった総人口は、30年に約1億2005万人、50年には約1億人へと減少するものと見込まれています。次に、15年には約1600万人だった年少人口（14歳以下）は、30年には約1300万人、50年には、約1000万人に減ります。これが「少子化」です。

一方、老年人口（65歳以上）が総人口に占める割合は、15年の26.6％から30年31.2％、50年には37.7％となります。これが高齢化です。こうした変化が生じるのは、少子化が原因です。新しく生まれてくる数が少ないので人口が減り、相対的に老年人口の割合が高まることになるからです。

この結果、生産年齢人口（15歳から64歳の、主に経済社会を経済的に支えることになる年齢層）の比率が低下していきます。生産年齢人口が総人口に占める比率は2015年の60.8％から30年57.7％、50年51.8％となります。生産年齢人口とそれ以外の従属人口（年少人口と老年人口の合計）の比率を従属人口指数といい、この指数の上昇が「人口オーナス」です。人口オーナスの緩和には、これまで働いていなかった高齢者や女性の労働参加や、1人当たりの生産性向上が必要です。

104　第Ⅴ章　日本経済の長期的課題

年齢3区分別人口割合の推移

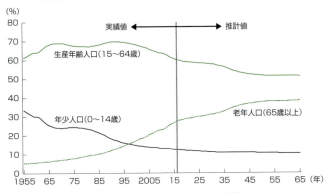

(出所)国立社会保障・人口問題研究所「日本の将来推計人口」(2017年)の中位推計

COMMENT
日本の人口構造は今後大きく変化します

従属人口の変化

	1955	1970	1995	2015	2030	2060(年)
従属人口指数	63.1	44.9	43.9	64.5	73.3	93.7
	1.6人で1人	2.2人で1人	2.3人で1人	1.6人で1人	1.4人で1人	1.1人で1人
老年従属人口指数	8.7	10.2	20.9	43.8	54.0	73.9
	11.5人で1人	9.8人で1人	4.8人で1人	2.3人で1人	1.9人で1人	1.4人で1人
年少従属人口指数	54.4	34.7	23.0	20.6	19.2	19.8
	1.8人で1人	2.9人で1人	4.4人で1人	4.8人で1人	5.2人で1人	5.0人で1人

(出所)国立社会保障・人口問題研究所「日本の将来推計人口」(2017年)の中位推計

COMMENT
これからの働く人は、より少ない人数で、働かない人を支えていく必要があります

105

45 少子化対策
社会全体で子育て支援

2016年の日本の合計特殊出生率（女性が一生の間に平均的に産む子供の数）は1.44でした。この数字がおおよそ2以上でないと人口は減少します。この出生率を上げようとするのが、少子化対策です。

　出生率が低下してきた背景には、若年層の未婚化・晩婚化の進行や第1子出産年齢の上昇、長時間労働、子育て中の孤立感や負担感が大きいことなど、様々な要因が複雑に絡み合っています。このため、少子化対策は、きめ細かく網羅的に施策を推進することが重要です。女性の社会参画が進む中、子育てに専念した場合、女性が払わなければならない機会費用（子育てによって犠牲にしなければならない所得）が大きくなっていることも考えられます。

　こうした少子化の流れに対抗するために、2003年の少子化対策基本法を受けて「少子化社会対策大綱」が閣議決定され、その後は5年ごとに新たな大綱が策定されています。大綱では、少子化は、個人・地域・企業・国家に至るまで多大な影響を及ぼす、社会経済の根幹を揺るがす危機的状況であるとして、重点課題、具体的な施策等が示されています。

　ヨーロッパではスウェーデン、フランスなど国を挙げての子育て支援で実際に出生率が回復した例があります。日本においても、子育て支援として、保育の受け皿整備、保育士の処遇改善等が進められています。

　男性の育児参加を進めるための取り組みも進められています。また、子育て世代の負担を軽減するため、保育の無償化が、消費税率引き上げによる増収にあわせて実施されることになっています。

出生数、合計特殊出生率の推移

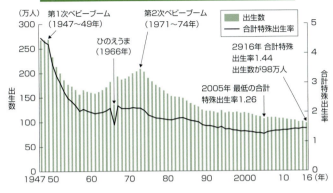

(出所)厚生労働省「平成28年人口動態統計」

COMMENT
日本の合計特殊出生率は低水準が続いています

少子化社会対策大綱(2015年)における重点課題

1. 子育て支援施策を一層充実
   子ども・子育て支援新制度の円滑な実施
   待機児童の解消
   「小1の壁」の打破
2. 若い年齢での結婚・出産の希望の実現
   経済的基盤の安定
   結婚に対する取組支援
3. 多子世帯へ一層の配慮
   子育て、保育、教育、住居など様々な面での負担軽減
   社会の全ての構成員による多子世帯への配慮の促進
4. 男女の働き方改革
   男性の意識・行動改革
   「ワーク・ライフ・バランス」・「女性の活躍」の推進
5. 地域の実情に即した取組強化
   地域の強みを活かした取組支援
   「地方創生」と連携した取組の推進

(出所)「少子化社会対策大綱」(2015年3月20日閣議決定)

COMMENT
社会全体で子育て支援に力を入れる必要があります

46 年金問題
給付と負担のバランスが重要

> 我々は自分が何歳まで生きるのか分かりせん（長生きのリスク）。このため、安心して老後の生活を送るためには、安定した年金制度が不可欠です。

　年金制度には、各世代ごとに資金を積み立てる「積立方式」と、現在の勤労世代が現在の高齢世代に年金を払う「賦課方式」があり、日本は基本的に賦課方式をとっています。

　賦課方式は、人口が増加したり、経済が成長したり、物価が上昇したりするときにはうまく機能しますが、人口構造の変化に弱いという欠点があります。少子高齢化が進むと、年金を負担する世代と受け取る世代のバランスが崩れ、給付を維持しようとすると勤労世代の負担が重くなってしまうからです。保険料水準を固定し、マクロで見た給付と負担の変動に応じて給付水準を自動的に調整する仕組み（マクロ経済スライド）を導入し、少子高齢化が進行しても、現役世代の負担が過大になることを防いでいます。また、年金受給開始年齢を70歳より後にできる制度変更も検討されています。

　現在の年金制度は、まず全国民が加入する国民年金（基礎年金）があり、その上乗せ部分として企業のサラリーマンや公務員が加入する厚生年金があります（自営業者などには国民年金の上乗せもあります）。国民年金の給付は保険料と税金からの拠出によって賄われています。将来年金を受けとるために必要な期間が25年から10年に短縮されました（2017年）。

　保険料のうち年金の支払い等に充てられなかったものは年金積立金として年金積立金管理運用独立行政法人（GPIF）が市場で運用し、運用収入は年金給付に活用されています。

108　第Ⅴ章　日本経済の長期的課題

日本の年金制度の概念

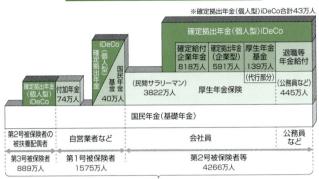

(注)数値は2017年3月末現在
(出所)企業年金連合会ホームページ

COMMENT
日本では、国民皆年金の考え方の下で、基本的にはすべての国民がいずれかの年金制度に加入することになっています

高齢者世帯における公的年金

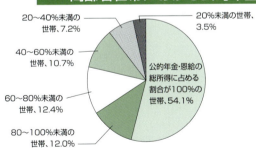

(注)公的年金・恩給を受給している高齢者世帯における、公的年金・恩給の総所得に占める割合別に見た世帯数の構成割合
(出所)厚生労働省「国民生活基礎調査」(2016年)

COMMENT
高齢者世帯にとって、収入の多くが公的年金です

109

47 医療
高齢化に備えて効率化を

> 日本の医療は、国民皆保険の下で、これまでのところは比較的うまく機能してきました。しかし今後高齢化が進む中で医療費の増大が予想されており、負担の公平化と医療サービスの効率的供給が大きな課題となっています。

　日本では国民皆保険が実現しており、国民は、健康組合保険（大企業）、全国健康保険協会管掌健康保険（中小企業）、国民健康保険（自営業者など）等のいずれかに加入しています。2015年度の医療費は42兆円でしたが、高齢者が増加する中2025年度には約60兆円に達すると見込まれています。この医療費をどう抑制し、誰が負担するかが課題です。

　医療サービスの供給を効率的なものにしていくために、医療費をより適正化するようなインセンティブが働く制度設計を工夫していく必要があります。医師と患者の間には情報の非対称性が大きく、過剰な医療サービスが供給されがちであることに加えて、診療報酬が出来高払いとなっているためにコスト削減のインセンティブが作用しにくいこと、また、薬価差益によって必要以上の医薬品が処方されがちであること、等を是正していくことが必要です。

　医療費の伸びを抑えるために、生活習慣病の予防対策や、医療機関の役割分担、先発医薬品より薬価が低い後発医薬品（ジェネリック）の使用が進められています。ICT（情報通信技術）を活用した遠隔診療の促進なども進められています。

　医師不足によって診療科の削減が進む地域があるなど、地域によって医療サービスが提供されないことや、診療科によって医師数が異なることも指摘されています。

110　第Ⅴ章　日本経済の長期的課題

医療保険の制度

制度	被保険者	保険者
健康保険	大企業の従業員や家族	健康保険組合
	中小企業の従業員や家族	全国健康保険協会(協会けんぽ、都道府県単位の運営)
共済組合 (短期給付)	国家公務員、地方公務員、私学の教職員	各種共済組合
国民健康保険	健康保険・共済組合等への加入者以外の一般住民	都道府県・市(区)町村
後期高齢者医療制度	75歳以上の方および65〜74歳以上で一定の障害の状態にあることにつき後期高齢者医療広域連合の認定を受けた人	後期高齢者医療広域連合(都道府県の区域ごとに当該区域内のすべての市町村が加入)

(出所)厚生労働省ホームページを一部修正

COMMENT
後期高齢者医療にかかる費用は、患者負担を除き、75歳以上の後期高齢者の保険料(約1割)、現役世代(国民健康保険・被用者保険)からの後期高齢者支援金(約4割)および公費(約5割)で賄われます

国民医療費の推移

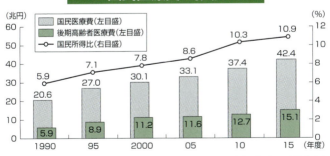

(注)後期高齢者医療費は、2008年以前は、老人保健法による老人医療受給対象者に係るもの。2002年から2007年にかけて、老人医療受給対象者の年齢は70歳以上から75歳以上に段階的に引き上げられた
(出所)厚生労働省「後期高齢者医療事業状況報告」「国民医療費」

COMMENT
医療費を誰が負担するかが課題です

48 介護
寝たきりへのリスクに備える

> 高齢者になるほど「寝たきり」となるリスクが高まり、その場合、本人、家族は大きな負担を負うことになります。このリスクをカバーし、社会全体で介護費用を負担するために2000年に介護保険制度が導入されています。

　介護保険には40歳以上の人の加入が義務付けられています。65歳以上の人（第1号被保険者）は年金から、40〜64歳の人（第2号被保険者）は医療保険料に上乗せして、保険料を支払います。制度を運営するのは市町村と特別区です。介護サービスが受けられるのは原則65歳以上です。介護費用全体は、税金と保険料とで折半されます。

　介護が必要になったら市町村・特別区に申請し、どの程度の介護が必要か（要介護度）を5段階で評価してもらいます（要支援を含めると全部で7段階）。要介護度の認定を受けたら、介護支援専門員（ケアマネージャー）に、介護保険からの給付の範囲内で受けられる介護サービス計画（ケアプラン）を作ってもらい、実際のサービスを受けます。

　サービスには、訪問介護（ホームヘルプ）、訪問入浴、訪問看護、通所リハビリテーション（デイケア）等の在宅サービス、介護保険施設への入居等の施設サービスがあります。

　サービスを受ける場合は、利用者は自己負担として費用の1割（一定以上の所得がある場合は2割）と食事・部屋代を支払います。介護不要（要支援）とされた人は、介護予防ケアプランの下、介護予防サービスを受けます。

　要介護者数の増加とともに介護費用は増大しています。また、介護従事者の賃金は低く離職が多いため、経験等に応じて昇給するなど処遇改善が行われています。

介護保険の仕組み

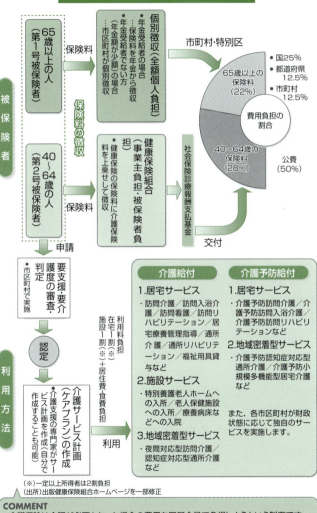

(※)一定以上所得者は2割負担
(出所)出版健康保険組合ホームページを一部修正

COMMENT
介護保険は介護が必要となった場合の費用を国民全員で負担しようという制度です

49 環境と経済
環境問題は経済問題

公害の防止、自然活動の保全、地球環境問題、廃棄物の処理とリサイクルなどの環境問題は、経済問題でもあります。環境問題は経済的活動によって生み出される場合が多いので、その理解と解決手段の立案も経済的枠組みで考えるのが有効です。

環境問題を経済的に考えてみましょう。自由主義経済の下では、財貨・サービスは市場を通じて取引されます。しかし、公害現象の発生により、市場の取引当事者以外の人々が被害を受けます。これが外部不経済です。外部不経済は、市場の評価を得ていませんから、放置しておくと過大に供給されてしまいます。何らかの手段でのコントロールが必要です。

環境が経済問題だとすると、その解決に際しても、規制といった政策手段だけではなく、経済的な手段を活用することも有効です。具体的には、環境税（炭素などの汚染物質に税金をかける）、排出権取引、デポジット制度（製品の購入時に預託金を預けておき、回収時にこれを払い戻すことにより、リサイクルを促進する仕組み）などが考えられています。

近年では、多くの企業が、自社や社会の長期的な持続可能性を考えて、環境問題に積極的に取り組んでいます。こうした取り組みを、市場が、ESG投資のE（環境）として、評価するようになってきました。

また、国際的な取組として、「脱炭素化」の動きが進んでいます。2015年12月に、地球温暖化対策に関する新しい国際ルールとして、パリ協定が採択されました。地球温暖化対策と経済活動を両立させながら、大幅な排出削減を目指すことが課題となっています。

第Ⅴ章　日本経済の長期的課題

環境政策の分類

	公共機関による	原因者コントロール	契約と自発性
直接的手段	環境インフラの整備 （下水道・ゴミ処理） 都市計画 環境保全型公共投資	直接規制 土地利用規制	公害防止協定 自発的協定
間接的手段	研究開発 グリーン調達	**課徴金** **補助金** **排出権取引市場** 環境税	エコラベル グリーン購入 環境管理システム
基盤的手段	地域住民の知る権利 環境モニタリング	環境情報データベース 環境情報公開	環境アセスメント 環境教育

（出所）植田和弘『環境経済学への招待』丸善、1998年を一部修正

COMMENT
近年、直接規制より、排出権取引などの経済的手段が重視されるようになっています

パリ協定の概要

概要	・2015年12月の気候変動枠組条約第21回締約国会議（COP21）で採択（2016年11月発効）
世界共通の目標	・平均気温上昇を産業革命以前に比べて2度より十分低く保ち、1.5度に抑える努力をする ・21世紀後半には、温室効果ガスの人為的排出と吸収の均衡（実質排出ゼロ）の達成を目指す
各国の目標	・先進国・途上国の区別なく、各国は、削減目標を作成・提出等する（5年ごとに更新） ・目標の達成に向けた国内対策を行う
日本の取り組み	・2016年11月8日にパリ協定を締結 ・中期目標：2030年度に、2013年度比26％の温室効果ガスを排出削減 ・長期的目標：2050 年までに80％の温室効果ガスの排出削減を目指す

COMMENT
世界的に「脱炭素化」の動きが進んでいます（ただし、米国は2017年8月に離脱を表明）

50 エネルギーの確保
国も、家庭も、エネルギーの選び方が問われています

日本は、世界で最も停電が少ない国ですが、毎日の生活や、経済・産業・社会のあらゆる活動の基盤となるエネルギーを安定的に低いコストで使えるようにしていくことは、常に大きな課題です。

資源小国である日本は、エネルギー源の確保が簡単ではありません。石油危機時の教訓を踏まえ、天然ガス・原子力等エネルギー源の多様化や省エネルギーなど、「脱石油化」に努めてきました。それでも、原油価格が高騰すると、日本経済は影響を受けます（154ページ参照）。

石油、石炭などの化石燃料は二酸化炭素排出量が多く、地球温暖化対策として「脱炭素化」も必要です。1990年代以降、日本は低炭素化には率先して取り組んできましたが、パリ協定に基づく削減目標の達成という高いハードルが課されています（114ページ参照）。

一方で、2011年の福島第一原発事故を受けて、原子力発電の依存度は可能な限り低減することとされています。そこで、太陽光や風力等の再生可能エネルギーの拡大が期待されていますが、まだコストが割高です。

電力事業・ガス事業の改革も進んでいます。もともとは地域独占でしたが、1990年代より、発電（ガス）部門、小売部門は順次自由化されていました。2016年4月に電力、翌年にはガスの家庭部門に対する小売事業が自由化されています。契約する事業者を切り替えた消費者は一部にとどまっていますが、消費者が契約する事業者や料金メニューを選べる時代になりました。

116 第Ⅴ章 日本経済の長期的課題

一次エネルギー国内供給の推移

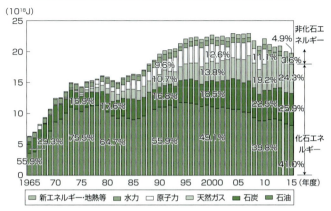

注1）「総合エネルギー統計」では、1990年度以降、数値について算出方法が変更されている
2）「新エネルギー・地熱等」とは、太陽光、風力、バイオマス、地熱などのこと
(出所)経済産業省「エネルギー白書2017」

COMMENT
利用しているエネルギーは、時代とともに変化しています

電力の小売全面自由化による新たな料金プラン・サービスプラン

時間帯別料金など、ライフスタイルに合わせた料金メニュー
- 例えば、昼間自宅にいない人は、夜間が割安なメニューを選ぶなど、自分のライフスタイルに合わせたプランを選べる

省エネ診断、セット割など新しいサービス
- 電気とガス、電気と携帯電話のセット料金、ポイントサービス、家庭の省エネ診断サービス、高齢者の見守り

再生可能エネルギー中心のサービス
- 太陽光、風力、水力、地熱などの再生可能エネルギーを中心に発電を行う会社から、電気を購入することも可能

電気の地産地消
- 近くの自治体が運営する事業者から電気を買うなど、電気の地産地消サービスも登場

COMMENT
消費者が、電力会社や料金メニューを選べます

51 地域再生
地域の衰退は食い止められるか

> 政府は何度も地域の活性化策を講じてきましたが、依然として地方部の人口減少は止まらず、衰退地域が数多く見られます。2014年以降は、「地方創生」の掛け声の下で、地域再生が進められています。

　地域再生は古くて難しい問題です。これまでも政府は様々な取り組みを通じて、地域を元気にしようとしてきましたが、地方部の人口流出は止まらず、人口が減少して自治体としての機能が果たせなくなる「消滅自治体」の議論さえ現れてきました。

　これに対して政府は、2014年以降「地方創生」の掛け声の下に地域の活性化を図っています。14年には国の「まち・ひと・しごと創生長期ビジョン」と「まち・ひと・しごと創生総合戦略」が閣議決定され、これを踏まえて、15年度には全国の自治体が、人口ビジョンと総合戦略を策定しました。

　こうした地方創生の動きには、いくつかの特徴があります。1つは、人口減少への対応と地域振興が密接に結び付いていることです。各地域で人口減少への対応を進めることにより、日本全体の人口1億人目標を達成しようとしているのです。もう1つは、東京一極集中の是正を大きな柱としていることです。東京の独り勝ちが是正されれば、東京圏以外の地域の地位が上がるでしょうし、出生率の低い東京への人口移動が止まれば、出生率の上昇につながると考えられているからです。

　ただし、都市部に人や企業が集まるのを抑制しようとすると、都市部の活力を失わせることになるという批判もあります。

3大都市圏の人口流入の推移

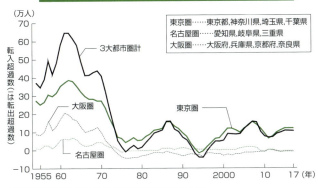

東京圏……東京都,神奈川県,埼玉県,千葉県
名古屋圏……愛知県,岐阜県,三重県
大阪圏……大阪府,兵庫県,京都府,奈良県

(出所)総務省「住民基本台帳に基づく人口移動の状況」(2018年1月)

COMMENT
東京への人口一極集中が続いています

地域再生をめぐる主な政策

年	事項	主な内容
1962	全国総合開発計画	・地域の均衡ある発展 ・拠点開発構想(新産業都市・工業整備特別地域)
1969	新全国総合開発計画	・豊かな環境の創造 ・地域間の新ネットワークの形成
1972	日本列島改造論	・高速交通網の整備 ・地方の工業化
1977	第三次全国総合開発計画	・定住構想 ・全国に44のモデル定住圏
1983	テクノポリス法	・高度技術工業の集積

年	事項	主な内容
1987	第四次全国総合開発計画リゾート法	・多極分散型国土の構築 ・交流ネットワーク構想 ・総合保養地の整備
1988	ふるさと創生事業	・全市町村に1億円を交付
1990	首都機能移転国会決議	・移転候補地を選定(99年)
1998	国土のグランドデザイン	・多軸型国土構造形成 ・中枢拠点都市圏
2008	国土形成計画	・多様な広域ブロックが自律的に発展する国土
2014	地方創生	・まち・ひと・しごと創生本部

(出所)筆者作成

COMMENT
政府は長い間、地方再生を目指した取り組みを続けています

52 仮想通貨
利用はどこまで広がるか

> インターネット上の通貨で、ブロックチェーンという技術を基盤とする仮想通貨は、世界中で多様なものが発行され、実際の取引でも使われるようになっています。しかし、投機目的の保有が多いといった問題も現われています。

　仮想通貨は、インターネット上のバーチャルな通貨を指します。中央銀行などの管理者は存在せず、インターネットを通じて不特定多数の人々との間で物品やサービスの対価として使用でき、取引所を通じて円やドルとの交換も可能です。

　仮想通貨は、ブロックチェーンという技術を使うことにより、信頼性が高く、国際的な決済にも容易にかつ手数料なしで利用できるという優れた機能を持っています。今や仮想通貨の種類は600種類以上あるといわれていますが、その代表的なものが、ビットコインです。全世界で、ビットコインの取扱業者は約10万、時価総額は約52億ドルと指摘されています（2017年11月末）。

　しかし、一方で、仮想通貨自体の価格が変動するため、投機的な保有が増え、日本でも一般の人々が資産運用の一環として取引をする例が増えています。こうした中で、2014年には大手の取引業者が破綻し、一般投資家に被害が出ており、公的規制のあり方が問われる事態になっています。マネー・ロンダリングに利用されたりする危険性も指摘されており、2017年サミットの議題としても取り上げられました。

　仮想通貨が今後どの程度普及していくかは未知数ですが、その基盤であるブロックチェーン技術については、間違いなくフィンテック（96ページ参照）、文書管理など多様な領域で利用が広がっていくことになるでしょう。

120　第Ⅴ章　日本経済の長期的課題

主な仮想通貨(2017年5月27日現在)

通貨名	通貨記号	発行額(USD)	為替レート(対 USD)
Bitcoin	BTC	35044379839	2142.56
Ethereum	ETH	15792537000	171.67
Ripple	XRP	8691434732	0.227231
NEM	XEM	1827045000	0.203005
Ethereum Classic	ETC	1535263323	16.68
Litecoin	LTC	1290139584	25.15
Dash	DASH	819395756	111.90
Monero	XMR	539441794	37.12
Bytecoin	BCN	478891590	0.002618
Golem	GNT	414978256	0.503082

(出所)国際貿易投資研究所「仮想通貨の基礎知識」(川野祐司氏、2017年6月)より

COMMENT
仮想通貨は世界中で多数発行されており、取引規模も巨額なものとなっています

ビットコインの価格の推移

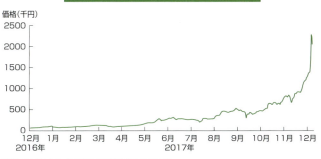

(出所)金融庁「アクセスFSA第173号」(2017年12月)より

COMMENT
仮想通貨の価格は変動が大きく、投機の対象になっています。代表的な仮想通貨、ビットコインの価格は2017年の1年間で一時は20倍以上になりました(その後下落しています)

Coffee Break

**ビッグデータ／
シェアリングエコノミー**

ビッグデータ（Big Data）

　量があり（Volume）、電子的に利用が可能で入出力が早く（Velocity）、テキスト情報まで含まれ、多様性に富む（Variety）データセットのことをビッグデータと呼んでいます。最近では、正確性（Veracity）、価値（Value）を付け加えることがあります。インターネットやセンサーの普及を通じて、多様で、大量のデータを高速に収集することが可能となり、それを分析することにより、新しい知見の発見やビジネスへの利活用が進んでいます。一部大企業による情報独占の問題や、個人情報保護の基準が国により異なり、法的リスクを抱えるなどの課題も出てきています。

シェアリングエコノミー

　シェアリングエコノミーとは、活用されていないモノ、サービス、スキルなどを、提供したい個人と利用したい個人が、インターネット上のプラットホームを介して、貸借、売買、交換することでシェアしていく新しい経済の動きです。

　企業と消費者の取引（BtoC）ではなく、個人間取引（CtoC）が主体で、スマートフォンやSNS等の普及を背景に広まっています。

　民泊やライドシェアが有名ですが、会議室や駐車場のシェア、フリマアプリ、家事・育児の提供サービス、クラウドファンディングなど、様々なサービスが登場しています。

　個人間取引での安全性の確保が課題ですが、今まで十分に使われてなかった資産が活用されることによる経済効果等が期待されています。

第VI章
変貌する世界の中の日本

53 グローバル経済
一体化する世界経済

近年、人、モノ、カネなどが国境を越えて移動する傾向が高まっています。これが、グローバル化の進展です。グローバル化は世界経済を活性化させるものと考えられていますが、他方ではグローバル化に逆行する動きも現れています。

近年、グローバル化の進展が目立つ理由としては、

①世界的に市場経済の枠組みを生かした経済発展が目指されるようになっていること

②国際競争力を生かした輸出の拡大、直接投資の受け入れなどが経済発展のカギを握るという考えが強まっていること

③インターネットの普及などのIT（情報通信）関連技術の発展が世界を小さくしていること

④WTOの活動（128ページ参照）、FTAの増加など（138ページ参照）により、グローバル化を推進する世界的な枠組みが強化されつつあること

などが考えられます。

グローバル化の進展は、国際分業を推進することにより、世界経済全体の発展に寄与すると考えられています。しかし、グローバル化の進展の中で、グローバル化に逆行する動きも活発化しています。

米国では2017年のトランプ政権の発足以来、TPP（138ページ参照）から離脱する、鉄鋼やアルミニウムへ関税を課すなどの動きが出ています。ヨーロッパでも、2016年に英国でEUからの離脱の是非を問う国民投票が行われ、離脱に賛成する票が上回り離脱に向けた交渉が始まりました。また移民の受け入れに反対する動きや、これに関連してポピュリズムを志向する政党の躍進なども起こっています。

世界の財貿易、対外直接投資の推移

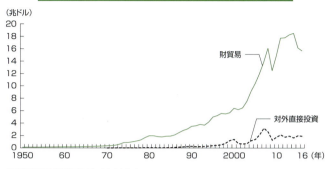

(出所)IMFおよび世界銀行のデータにより作成

COMMENT
世界経済は様々なチャネルを通して一体化しつつあります。これがグローバル化です

グローバリゼーションに対する懸念の分類

主 な 分 類	具体的内容
主に貿易投資の拡大によって影響を受ける問題	
〈国内的緊張〉 ●雇用に関する問題	特定産業保護、労働基準、環境基準など
〈国際的緊張〉 ●国際的ハーモナイゼーションに関する問題 ・各国の社会経済制度の差異に起因する問題	各国基準の標準化 (食品安全基準、労働基準、環境基準など)
・国際機関の透明性に関する問題	WTOの透明性問題
必ずしも貿易投資の拡大のみによって直接的に帰結されるものではない問題	
●主に経済成長に関する問題	貧困
●国際公共財である地球環境および資源の保全に関する問題	地球温暖化 森林減少 経済開発と環境の調和
●その他	文化保護

(出所)経済産業省「2001年版通商白書」

COMMENT
グローバル化に対しては、問題点も指摘されています

54 比較優位の考え方
なぜ貿易が行われるのか

> 「なぜ貿易が行われるのか」を説明するものとして最も基本的な考え方は、リカードが示した「比較優位（または比較生産費）」の考え方です。これは、各国が絶対的にではなく、相対的に見て得意な分野があれば、その分野に特化してこれを輸出し、国内生産が相対的に割高な分野で輸入すれば、各国が分業の利益を得られるという考え方です。

　リカードが比較優位を説明するために実際に使った例を右に示しておきました。

　比較優位を決めるのは、各国の生産要素の賦存状況だというのがヘクシャーとオリーンの議論です。石油が豊富な国は石油を、土地が広い国は農産物を、労働力が豊富な国は労働集約的な製品を輸出するという考えです。すると貿易というのは、単に財やサービスを取引しているのではなく、その中に含まれている生産要素を取引していることになります。例えば、日本が農産物を輸入しているのは、不足している土地という生産要素を輸入していることになるわけです。この議論を進めていくと、自由な貿易が進むと、各国の要素価格（地代、賃金、利子率など）が一物一価に向かい、均等化するという考えがあります。これが「要素価格均等化定理」です。

　ただし以上のような考え方は、異なった産業間の貿易を説明することができますが、同じ産業で輸出入が行われている（「産業内貿易」といいます）という現象は説明できません。この点については、①規模の経済性による説明（生産要素の状態が同じであっても、生産規模の大きな国が有利になります）、②製品の差別化による説明（同じ産業に属していても品質、デザインなどに差があります）などがあります。

リカードの比較生産量の例

	英国	ポルトガル
毛織物1単位の生産に要する労働量	100人	90人
ワイン1単位の生産に要する労働量	120人	80人

ポルトガルの交換比率…ワイン1単位＝毛織物8/9単位
英国の交換比率…………ワイン1単位＝毛織物6/5単位

ポルトガルのワイン生産者は…

国内取引ではワイン1単位で毛織物8/9単位しか得られないが、
英国に輸出するとワイン1単位で毛織物6/5単位を得られる

英国の毛織物生産者は…

国内取引では毛織物1単位でワイン5/6単位しか得られないが、
ポルトガルに輸出すると毛織物1単位でワイン9/8単位を得られる

COMMENT
19世紀の経済学者リカードの説明は、今でも教材として使われています

産業間貿易と産業内貿易

COMMENT
産業間貿易は比較優位で説明できますが、産業内貿易は別の説明が必要になります

55 WTO と自由貿易

自由貿易を広げるために

> WTO（World Trade Organization、世界貿易機関）は、自由な世界貿易の拡大を目指す国際機関です。①貿易障壁を軽減すること、②無差別原則（貿易に関して国を差別しない）を適用することの2つが基本原則となっています。

　戦後の世界経済は1930年代のブロック経済化の反省の上に立って、GATT（関税と貿易に関する一般協定）の下で、多国間交渉による自由貿易の推進を図ってきました。このGATTが、95年に発展的に改組されてWTOが発足したのです。スイスのジュネーブに本拠があり、2018年2月現在で加盟国（地域）は164となっています。なお01年には中国も加盟しています。単なる協定であったGATTに比べて、WTOは国際機関としての法的な拘束力を持ち、組織的にも強化されましたから、世界的な自由貿易体制の推進力はかなり強化されたことになります。

　これまで自由貿易を推進する上で大きな役割を果たしてきたのが、ラウンドと呼ばれる多国間貿易自由化交渉です。60年代のケネディ・ラウンド、70年代の東京ラウンドは、関税の引き下げという点で大きな進展がありました。この流れを引き継いで、WTOは02年1月からドーハ新ラウンドを開始しましたが、現在（18年5月）も合意に至っていません。

　WTOのもう1つの柱は、紛争処理です。WTOの紛争処理手続きは、①まず当該2国間で協議を行う→②調整がつかない場合は、当該国および中立国から構成される小委員会（パネル）での協議→③さらに上級委員会への申し立て→④パネル、上級委員会での結果が採択され、勧告が出される、という仕組みになっています。

多角的貿易体制——GATTからWTOへ

2大原則
- 最恵国待遇：すべての加盟国に同等の貿易条件を与えること
- 内国民待遇：輸入品を国産品と同様に扱うこと

世界経済の発展
「ラウンド」と呼ばれるすべての加盟国が参加する貿易交渉を通じて、貿易自由化を図ることで、世界の経済発展・拡大を進める

「法の支配」の確立
WTOは、モノの関税率からサービス、知的所有権などの分野にルールを拡大。紛争処理システムにより、各国の一方的措置を防止

貿易円滑化
環境

農業
サービス
知的所有権
紛争解決処理

補助金
アンチ・ダンピング

鉱工業品

1947 GATT設立 23カ国	1964〜67 ケネディ・ラウンド 74カ国	1973〜79 東京ラウンド 82カ国	1986〜94 ウルグアイ・ラウンド 93カ国	2001〜 ドーハ・ラウンド 151カ国

(出所)外務省ホームページ

COMMENT
GATT設立からWTOまで加盟国の増加が続き、交渉対象の範囲も広がりました

ドーハ・ラウンド(DDA)交渉の経緯

8つの交渉分野
①農業、②鉱工業品、③サービス、④ルール、⑤貿易円滑化、⑥開発、⑦環境、⑧知的財産権

2001年11月	03年9月	04年7月	05年12月	06年7月	07年1月	08年7月	09年11月	11年12月	13年12月	14年7月
第4回閣僚会議（ドーハ）	第5回閣僚会議（カンクン）	一般理事会	第6回閣僚会議（香港）	農業市場アクセス・農業補助金・NAMAの3分野の交渉をめぐり膠着	非公式閣僚会合（ダボス）	非公式閣僚会合（ジュネーブ）	第7回閣僚会議（ジュネーブ）	第8回閣僚会議（ジュネーブ）	第9回閣僚会議（バリ）	一般理事会
DDA交渉開始（ドーハ閣僚宣言）	閣僚宣言案が採択されず	交渉の枠組み合意を追加交渉分野に貿易円滑化	交渉の枠組み合意	交渉中断	交渉再開	農業・NAMAのモダリティに関して合意に至らず	2010年内の合意を目指す	部分合意まで可能な成果を積み上げる「新たなアプローチ」の採用	貿易円滑化・農業・開発の3分野が採択される（バリ合意）が妥結	バリ合意で定められた期限（7月末）までに貿易円滑化協定議定書が採択されず

(出所)外務省ホームページ

COMMENT
ドーハ・ラウンドは2001年に始まりましたが、2018年においても合意にはほど遠い状況です

129

56 経常収支
日本は大幅な黒字国

> 一定期間内における海外との財貨・サービスの輸出入、所得の流れなどの状況を示したものが経常収支です。日本の経常収支は1981年から黒字ですが、従来は貿易収支の黒字がこれを支えていました。しかし近年は、第一次所得収支が経常収支黒字を支えています。

　日本の経常収支は1981年以降黒字が続いています。この経常収支は短期的には輸出入数量と輸出入価格の動きに対応して変動し、中期的には、貯蓄投資バランスの姿に応じて変化します。定義的に見て、経常収支の黒字は、「財政収支」と「国内の民間貯蓄と投資の差額」の和に等しいという関係があるからです。

　内訳を見ると、経常収支の黒字はモノ（財）の貿易の収支である貿易収支によって支えられてきたことが分かります。しかし近年は、対外金融・債務から生じる利子・配当金などの収支状況を示す第一次所得収支が、経常収支の黒字を支えています。これは経常収支の黒字が長期間続いたため、日本は世界一の対外資産保有国となっており、これら資産からの利子・配当金が巨額なレベルに達しているからです。

　さらに長期的な経常収支の姿は、国の発展段階に応じて変化します。この点からは、日本の国際収支の現状は、貿易サービス収支の黒字と所得収支の黒字がともに大きいという、「未成熟の債権国」の段階にあると考えられています。

　今後については、高齢化の進展によって国内貯蓄率が低下し、財政赤字も大きいという状態が続くことが予想されるため、日本の経常収支はいずれは赤字化するという見方が多くなっています。

日本の国際収支の姿

(単位:億円)

				2016年	2017年
経常収支				203421	218742
	貿易・サービス収支			43771	42246
		貿易収支		55251	49308
			(輸 出)	689797	771955
			(輸 入)	634546	722647
		サービス収支		−11480	−7061
	第一次所得収支			181011	197397
	第二次所得収支			−21361	−20902
資本移転等収支				−7433	−2872
金融収支				286985	171077
	直接投資			145624	164290
	証券投資			303543	−60712
	金融派生商品			−17235	34473
	その他投資			−139166	6509
外貨準備				−5780	26518
誤差脱漏				90997	−44793

(出所)財務省「国際収支状況」(2018年3月末時点の数値)

COMMENT
経常収支は国際収支で最も注目されています

経常収支の内訳

(出所)「国際収支状況」(2018年3月末時点の数値)

COMMENT
従来は貿易収支の黒字が経常収支黒字を支えていましたが、近年、その役割は第一次所得収支にとってかわられています

57 貿易構造の変化
高まるアジアの地位

> 貿易の姿は、短期的には各国の経済の伸びや為替レートの変化などによって変動しますが、長期的には輸出入ともアジアとの関係が強まってきているという流れがあります。

　短期的な貿易の姿は、輸出入数量と輸出入価格の変化によって決まってきます。輸出数量は、相手国の景気状況（所得要因）と日本の輸出品の相対価格（価格要因）によって変動し、輸入数量は、日本の景気状況（所得要因）と日本への輸入品の相対価格（価格要因）によって変動します。

　しばしば、米国経済が減速すると、日本の景気も悪くなると懸念されるのは、所得効果で日本からの輸出が減ることを懸念しており、円高で輸出が減るという議論は、価格効果を懸念する議論だということになります。

　長期的な観点から日本の貿易構造の変化を見ると、次のような特徴があります。第1は、輸出品の構成が付加価値の高いものへとシフトしていることです。1960年代は繊維製品が最大の輸出品目だったのですが、その後、鉄鋼、機械機器などのシェアが高まってきています。

　第2は、輸入に占める製品類のシェア（製品輸入比率）の上昇です。しばしば日本は「原材料を輸入して加工品を輸出する加工貿易の国だ」といわれますが、近年では輸入品の半分近くが製品類となっています。

　第3は、輸入出両面で、アジア、特に中国のウエートが上昇していることです。これは近年、日本企業のアジア進出が活発化した結果、日本とアジアが様々な分業関係で結び付くようになったことの表れです。

132　第Ⅵ章　変貌する世界の中の日本

輸出構造の変化（商品別シェア）

(%)

年	1960年	1970年	1980年	1990年	2000年	2017年
繊維・同製品	30.2	12.5	4.8	2.5	1.8	0.9
化学製品	4.2	6.4	5.2	5.5	7.4	10.5
鉄鋼	9.6	14.7	11.9	4.4	3.1	4.2
一般機械	5.5	10.4	13.9	22.1	21.5	20.0
電気機械	6.8	12.3	14.4	23.0	26.5	17.5
自動車	1.9	6.9	17.9	17.8	18.1	15.1
船舶	7.1	7.3	3.6	1.9	2.0	1.7
その他	34.1	29.5	28.2	22.8	19.6	30.1
輸出合計	100.0	100.0	100.0	100.0	100.0	100.0

(出所)財務省「外国貿易概況」

COMMENT
日本の輸出構造は次第に高付加価値化してきています

輸入構造の変化（商品別シェア）

(%)

年	1960年	1970年	1980年	1990年	2000年	2017年
鉱物性燃料	16.5	20.7	49.8	24.2	20.3	21.1
うち原油および粗油	10.4	11.8	37.5	13.5	11.8	9.5
食料品	12.2	13.6	10.4	13.4	12.1	9.3
原料品	48.3	35.4	16.9	12.1	6.5	6.2
製品類	23.0	30.3	22.8	50.3	54.6	63.4
うち機械類・電気機械類	7.0	9.1	4.8	1.4	31.6	25.6
うち自動車	0.3	0.3	0.3	2.7	1.9	1.7
輸入合計	100.0	100.0	100.0	100.0	100.0	100.0

(出所)財務省「外国貿易概況」

COMMENT
輸入の半分は製品ですから、今や「加工貿易」とはいえません

地域別に見た貿易構造（輸出入総額に占める割合）

(%)

年		1960年	1970年	1980年	1990年	2000年	2017年
米国	輸出	26.7	30.7	24.2	31.5	29.7	19.3
	輸入	34.4	29.4	17.4	22.3	19.0	10.7
西欧	輸出	12.2	15.0	16.6	22.1	17.4	11.6
	輸入	10.0	10.4	7.4	18.2	13.6	12.5
アジア	輸出	24.7	28.3	27.7	30.9	41.1	54.8
	輸入	16.1	17.3	25.7	28.4	41.7	49.1
うち中国	輸出	0.1	2.9	3.9	2.1	6.3	19.0
	輸入	0.5	1.3	3.1	5.1	14.5	24.5
中東	輸出	2.3	3.3	11.1	3.4	2.0	3.0
	輸入	8.9	12.4	31.7	13.3	13.0	10.9
その他	輸出	34.1	22.6	20.5	12.0	9.8	11.3
	輸入	30.6	30.5	17.9	17.8	12.7	16.7

(出所)財務省「外国貿易概況」

COMMENT
輸出入ともにアジアのウエートが高まっています

58 為替レート
なぜ変動し、どう経済に影響するのか

> 日本は、為替レートが市場の取引によって自由に変動する「変動相場制」を採用しています。このため、しばしば円レートの変動が経済に大きな影響を及ぼします。

　世界には、一定のレートで通貨価値が固定されているもの（固定レート制）、外国為替市場における取引で自由に変動するもの（変動レート制）など、様々な通貨制度があります。日本は、戦後固定レート制をとっていましたが、1973年以降は変動レート制に移行しました。

　変動レート制の下で、円レートがどのようなメカニズムで変動するかについては、①日々の短期的なレートは、市場に供給される新しい情報が市場の期待を変えることによって変動する（例えば、景気回復を示す情報が追加されると円高になる）、②四半期〜1年程度の中期のレートは、経済のファンダメンタルズの変化を反映して変動する（ファンダメンタルズとしては、金利差、物価、経常収支などが考えられます）、③長期のレートは、購買力平価（日本と貿易相手国の物価を同じにするようなレート）に沿って変動する、というのが1つの整理です。

　多くの人が円レートの行方に大きな関心を払っているのは、円レートの動向が経済の各面に大きな影響を及ぼすからです。例えば、円レートの上昇（増価）は（下落の場合はまったく逆）、①輸出企業の採算を悪化させて輸出を減らし、企業収益を悪化させる、②輸入価格の下落を通じてコストを引き下げ、物価を下げる、③長期的には、海外の賃金コストが相対的に低下するため、日本企業の海外進出意欲が強まる、といった影響が考えられます。

134　第Ⅵ章　変貌する世界の中の日本

為替レートの推移(対ドル)

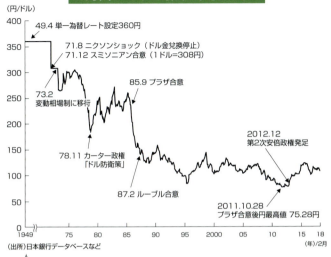

(出所)日本銀行データベースなど

COMMENT
円レートの変動は、これまで何度も日本経済を大きく揺るがせてきました

円レートの変化が経済に及ぼす影響(円高の場合)

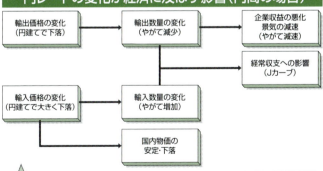

COMMENT
円レートの変動が経済に及ぼす影響は複雑です。単純にプラス、マイナスと決めつけることはできません

59 直接投資
国境を越える企業活動

> 企業が海外で株式を取得したり、工場を建設したりして事業を行うことを目的とした投資を「直接投資」といいます。近年、世界の直接投資は、GDPや財貨・サービスの貿易以上のスピードで拡大しており、日本からの直接投資も増加しています。

　直接投資の増加は、世界経済のグローバル化が進展し、企業活動が国境を越えて行われる度合いが強まってきていることを示しています。

　投資を受け入れる側でも、直接投資の受け入れを経済発展の重要な手段として位置付けるようになっています。これは、直接投資が、①国内の投資活動を活発化すること、②進出企業が雇用を増やしたり、その国の輸出を伸ばすこと、③経営ノウハウや技術の移転がもたらされること、④借り入れのような債務性がないこと、などのためです。

　日本の直接投資は、1980年代以降急増し、現在では世界でも有数の投資国となっています。これは、日本企業のグローバル化が進み、途上国の安価な労働力の利用により生産コストを低下させるなど、国境を越えた最適立地を目指す企業が増えてきたためです。この結果、日本企業の海外生産比率は急速に高まっています。なお対外直接投資の地域別の割合は北米向けが多く、欧州、アジアがこれに続きます。

　直接投資は、輸送コストなどの貿易障壁を回避する目的で相手国に自国の生産拠点などを移す水平的直接投資、相手国の安価な労働力の利用により生産コストを低下させる目的で相手国に生産拠点などを移す垂直的直接投資に分けることができます。

日本の対外・対内直接投資の推移

(出所)財務省「国際収支状況」(2018年3月末時点の数値)

COMMENT
日本は高水準の対外直接投資を続けてきました

対外直接投資の地域別割合(フローベース)

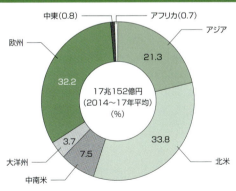

(出所)財務省「国際収支状況」(2018年3月末時点の数値)

COMMENT
対外直接投資は北米、欧州、アジア向けで大半を占めます

60 FTA、TPP
急速に広がる地域的自由貿易の網

> 近年、特定の地域間で貿易障壁を撤廃して、経済的結び付き
> を強めていこうという、FTA（Free Trade Agreement、自
> 由貿易協定）が急増しています。日本もこうした動きに取り
> 残されないよう、FTA交渉を推進しています。

　FTAは、参加国間で関税などの貿易障壁を撤廃し、自由
貿易地域を作ろうというものです。2018年2月時点で、世界
では284のFTAが締結されており、特に1990年代後半以降
の増加が目立っています。

　近年世界的にFTAが増加傾向にある背景としては、①
WTOなどを通じた多国間交渉は参加国が多いため、時間が
かかるが、FTAであれば当事者間で弾力的な合意が可能な
こと、②主要国、特に米国が熱心であること、③FTAが増
えてくると、加入していない国が取引上不利になるため、ド
ミノ倒しのように締結が進みつつあること、などのためで
す。

　日本はこうした流れに乗り遅れ気味でしたが、2002年のシ
ンガポールとのEPA（FTAをさらに進めた経済連携協定、
Economic Partnership Agreement）締結を境に、EPA/FTA
の交渉が進みました。そして2018年2月現在では、17カ国と
の間に15のEPA/FTAが締結されています。

　なお、日本も参加した広範囲のアジア太平洋地域の自由貿
易圏の構築に向けた大規模なFTAであるTPP（環太平洋経
済連携協定：Trans-Pacific Partnership Agreement）は、
2016年4月に署名がなされました。しかしその後、米国が離
脱を表明したため、米国を除いた11カ国によるTPP交渉が
なされ、2017年11月には大筋で合意しました。

138　第Ⅵ章　変貌する世界の中の日本

なぜ自由貿易協定か?

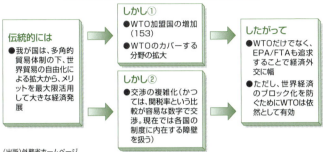

(出所)外務省ホームページ

COMMENT
日本は伝統的に多国間貿易交渉を重視してきましたが、1999年を境に2国間にも重点的に取り組み始めました

FTAの発効件数の推移

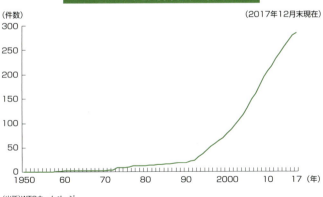

(出所)WTOホームページ

COMMENT
自由貿易協定は1990年代以降、世界的に増加しています

61 サミット、G8・G20
世界経済の課題を協議する場

> グローバル化が進む中で、世界経済の相互依存関係は深まっており、国境を越えた経済・社会問題が各国の経済に大きく影響するようになりました。このため主要国の政策協議の場が設けられており、首脳同士が話し合う場としては、サミット（G8）、G20が重要です。

　サミットは、世界の経済的・政治的課題を話し合うため、毎年開催している先進国首脳会議です。1975年に第1回が開かれました。ニクソン・ショック、石油危機などの諸問題に対して、先進国の首脳が世界経済の問題（マクロ経済、通貨、貿易、エネルギーなど）に関する政策協調のあり方を議論する場が必要という判断によるものです。その後、政治問題や麻薬、テロ、エイズなど感染症問題も議論されるようになっています。

　サミットの参加国は、現時点では米国、英国、ドイツ、フランス、日本、イタリア、カナダ、ロシアです（EU代表も参加）。参加国数からG8と呼ばれていましたが、2014年以降はロシアが出席していないためG7となりました。

　G20（金融・世界に関する首脳会合）は、08年11月に、リーマン・ショックを契機として発生した経済・金融危機に対処するため、既に存在していたG20財務大臣・中央銀行総裁会議を首脳級に格上げしたものです。ワシントンDCで第1回が開催され、11年以降は毎年開催されるようになりました。19年には日本で開催されることになっています。前述のG8参加国に加えて、アルゼンチン、オーストラリア、ブラジル、中国、インド、インドネシア、メキシコ、韓国、サウジアラビア、南アフリカ、トルコの首脳が参加しています。

140　第VI章　変貌する世界の中の日本

政策協調の枠組み　参加国・地域

枠組み	参加国
G7	米国、日本、英国、ドイツ、フランス、イタリア、カナダ
G8	G7＋ロシア
G20	G8＋中国、インド、ブラジル、メキシコ、南アフリカ、アルゼンチン、オーストラリア、インドネシア、韓国、サウジアラビア、トルコ（EUを加えて、ちょうど20）

(注)上記会合にはEU(欧州委員会委員長)が参加しており、議題に応じて国際連合、IMF、世界銀行なども参加

COMMENT
世界経済の諸問題を議論する場としては、G8とG20が代表的です

G20・ハンブルクサミット(2017年7月)での主な合意事項

分野	主な合意内容
世界経済の運営	下方リスクに対応し、世界経済の成長を強化するため、金融政策、財政政策、構造政策などすべての政策手段を動員する。成長を追求するに当たっては、包摂性と公正を追求して、格差を是正する
自由貿易の推進	開かれた市場を維持し、引き続き保護主義と闘う
過剰生産能力問題	鉄鋼等の産業部門における過剰生産能力問題に対処するために協力
地球温暖化問題	温暖化ガス排出削減についてのパリ協定を迅速に実行（ただし米国を除く）
女性の参画	女性のエンパワーメントを促進。途上国の女性起業家を支援する「女性起業資金イニシアチブ」を創設

(出所)外務省ホームページの整理を基に作成

COMMENT
サミットでは、多様な政策課題が議論の対象になっています

62 国際金融、ユーロ
統合の深化と危機の発生

> 国際金融とは、資金の運用と調達を国際的に行うことであり、国際通貨体制はその要です。どのような体制を選択するかで、経済的ショックの広がり方や、経済政策の運営方法が大きく変わります。

　貿易や直接投資が効率的に行われるためには、それを支える円滑な金融取引が必要です。企業や個人の資金の運用と調達も、国際的に行われるのが普通になってきており、国際金融市場は近年大きく拡大してきました。国際金融はグローバル化の一翼を担ってきたといえます。

　国際金融には、自由な資本取引と為替レートの安定、独立した金融政策の3つの課題の同時達成は不可能であるとする、「国際金融のトリレンマ」が存在し、国際的な金融取引が拡大する中、国際的な摩擦や通貨金融危機も絶えず発生しています。

　トリレンマの悪い影響が顕在化したのが、欧州債務危機です。2009年のギリシャで、国の隠れ債務が見つかったことを発端に、ギリシャをはじめポルトガル、アイルランド、イタリア、スペインという累積債務の大きな欧州の国々で債務危機が発生しました。

　欧州共通通貨ユーロを導入している国々では、通貨、金融政策が統合されており、自由度がありません。不況が厳しい国々は財政政策に頼るしかなく、国債を大量発行し、外国からの資金流入でしのぐ形になってしまいました。しかし、財政への不安が広がった結果、資金繰りが困難になる事態となり、欧州連合やIMFからの支援を受ける条件として厳しい財政緊縮策を導入し、かえって不況を深刻化させました。

142　第Ⅵ章　変貌する世界の中の日本

すべてを満たすことはできない3つの課題

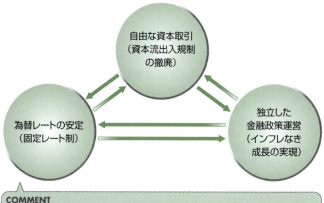

COMMENT
「国際金融のトリレンマ」とは、自由な資本取引、為替レートの安定、独立した金融政策の3つを同時に実現することはできないという考え方です

欧州債務危機の構図

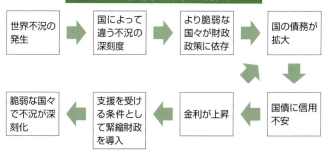

金融・為替政策が使えないため、財政政策が元となる悪循環を止め難い

COMMENT
国債の信用不安は状況が似ていると思われた国々に波及していきました

63 米国経済
超大国の政策転換

> 先進国で経済大国である米国経済の動向は、世界経済全体を大きく左右します。米国経済は順調な成長をみせていましたが、世界金融危機により大きく落ち込みました。その後、再び回復をみせていますが、構造的な問題も抱えています。

　1990年代以降、米国経済は景気回復と後退を繰り返しながら、2000年代半ばまで順調な成長を続けました。この背景として1990年代後半からのIT分野での比較優位や減税政策等があります。しかし、サブプライムローン問題に始まり、順調な成長に隠された金融バブルの破綻を経験しました。波及した世界金融危機の影響もあり、09年はマイナス成長となり、失業率も大幅に上昇しました。中央銀行に当たる連邦準備制度理事会（FRB）は政策金利を引き下げ、債権の買い入れを行う金融緩和策を行い、政府は景気刺激策を行いました。その結果、財政赤字が増大し、貿易の面でも新興国からの輸入が増え、経常収支も赤字の状況が続いています。2010年代後半には、雇用者数の増加も見られ、景気も上向いてきたため、金融政策は引き締めに転じています。

　ただし、米国経済の中期的な見通しは構造問題が下押し要因になる可能性をはらんでいます。まず、ベビーブーマーの大量退職やプライムエイジ（25〜54歳）男性の労働力率低下などがあります。さらに、新興国からの輸入拡大や情報通信技術の発展は、製造業やサービス業を中心に雇用構造に大きな変化をもたらし、中位的な所得層の賃金が低下しています。国内既存産業の保護のため、制限措置が行われ、自由貿易の枠組みが縮小すれば、長期的には経済成長の機会を失う可能性もあります。

経常収支と財政収支の推移（対GDP比）

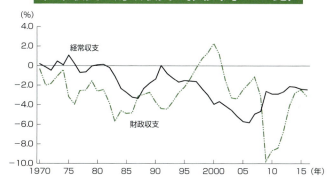

(出所)OECD統計、MBOより作成

COMMENT
財政赤字と経常赤字という双子の赤字が続いています

経済成長率と失業率の推移

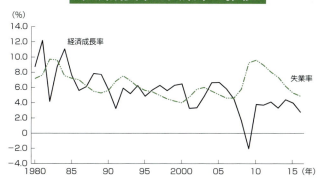

(出所)OECD統計より作成

COMMENT
サブプライムローンに端を発する世界経済危機時には、マイナス成長となりました

64 欧州経済
経済統合の行く末を見つめる

> 欧州は、経済制度や通貨で共通の仕組みを立ち上げ、欧州連合（European Union：EU）として、大きな経済規模を占める存在となりました。しかし、欧州債務危機等を経て、加盟各国間の経済格差が注目されています。

　欧州は1993年に発効した欧州連合条約の下、経済・社会的な統合を果たす欧州連合としての歩みを進めてきました。域内の労働・移動等が盛んとなり、加盟国が増え、欧州諸国内の経済活動の活性化に寄与したと考えられます。この基礎となるのは、各種規制の共通化や、財政・金融面を含む経済政策全般の統合を進める経済通貨同盟（Economic and Monetary Union：EMU）体制の構築にあったといわれます。特に通貨については、99年1月にはEU加盟国中11カ国で単一通貨ユーロを導入し、2018年1月現在で19カ国が利用しています。

　2000年代後半の世界金融危機により、欧州経済も大きなダメージを受けました。引き続いて政府債務危機に直面した国もあり、域内各国間の経済・財政力の差の顕在化にもつながりました。経済状況が良好な国への労働移動が進んだことは、移動元の労働力流出や移動先の居住者の反発も引き起こしています。17年には英国政府が欧州連合を脱退する旨の通告を行い、欧州連合政府との間で離脱に向けた条件整備等の交渉が進められることとなりました（ブレグジット）。

　EUが求める単一市場のさらなる発展のためには、加盟国全体がよりよい環境を構築できるよう、経済・金融のグローバル化に伴う課題や危機的状況への対応に係る政策調整等が求められます。共通の規制やルールのより一層の改善が求められている状況で新たな制度に関する議論は続いています。

146　第Ⅵ章　変貌する世界の中の日本

EU加盟各国数と経済規模

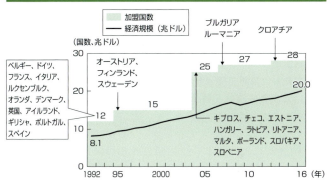

(注)経済規模はPPP(購買力平価ベース)
(出所)OECE統計

COMMENT
欧州連合は加盟国を増やし、2016年時点の経済規模はPPP(購買力平価ベース)で米国を上回ります

ブレクジット交渉日程

時期	イベント
2016年6月	英国　EU脱退に関する国民投票
2017年3月	英国　EU脱退の正式通告(EU条約50条通告)
4月	臨時欧州理事会開催
6月	交渉開始
12月	欧州理事会　交渉第2段階に関する交渉指針を採択
2018年2月	英国　離脱協定草案公表
3月	欧州理事会　通商等に関する交渉指針採択
2019年3月	離脱期限
2020年12月末まで	離脱移行期間

(出所)「世界経済の潮流II」(2017年)、英国議会資料、EU理事会資料より作成

COMMENT
通告から2年後の2019年に英国はEUから離脱する予定で交渉が進められます

65 中国経済
成長は持続するか

中国経済は、1978年の改革開放政策以降、20年以上もの間高成長を続けてきました。2010年代に入り経済成長率は低下しましたが、投資主導から消費主導の経済へ転換しつつあります。日本と中国は、貿易や日本企業の中国への進出などによって、強く結び付いています。

中国経済は、1978年の改革開放政策以降高成長を続け、2003年から07年までは5年連続で2桁の成長率を記録しました。名目GDPでは、米国に次いで世界第2位です。

これまでの中国経済高成長の要因としては、①政策的には対外開放政策をとり、国内に市場原理を導入したこと、②人的資源という点では、安価な労働力が豊富に存在すること、③資本、技術という点では外国企業の積極的な進出が経済を活性化したこと、などが挙げられます。中国は01年にWTO（世界貿易機関）に加盟しました。

10年代以降、中国経済の成長率は以前よりも低下していますが、これまでの投資・輸出主導の高速成長から消費・内需主導経済に転換を図りつつ構造改革が進められています。過剰生産能力（過剰設備）の解消、不良債権の解消、不動産の過剰在庫の解消等が進められています。

中国経済を長期的に見ると、①経済的な自由化と政治的な一党独裁が矛盾しないか、②都市部と農村との所得格差の拡大が不満層を拡大させないか、③環境問題、水資源問題などが成長を制約しないか、④少子高齢化を止められるか、といった課題が指摘されています。

日中関係を見ると、日中貿易の総額は2007年以来日米貿易の総額を上回り、2017年は33兆円です。

148　第Ⅵ章　変貌する世界の中の日本

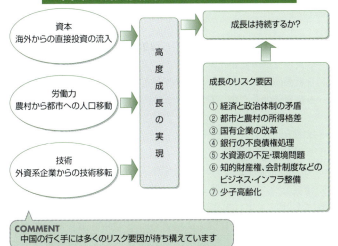

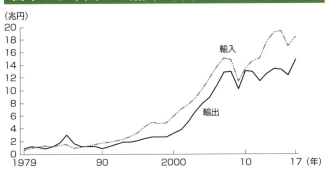

66 新興国経済
世界経済の成長を牽引するが先行きリスクも

> 欧米諸国や日本などの先進国に比べて経済水準が低く、高い成長性を秘めた中南米、アジア、アフリカ、東欧などの国々を新興国と呼びます。成長率が高く、世界経済に与える影響も徐々に大きくなってきています。

　20世紀を通して成長し、世界経済全体に占めるシェアが大きな欧州西部、北米、日本の各国を先進国と呼び、それ以外の国を開発途上国と呼んでいます。後者のうち、経済が急速に発展しつつあり、著しい成長率を示している国のことを新興国と呼びます。アジアにおける NIES（新興工業経済地域）や ASEAN（東南アジア諸国連合）などのほか、2000年代後半以降、投資先として魅力のある国々として、投資ファンドや研究者によるいくつかの定義があります。

　特に、資源や人口規模が大きな BRICs（ブラジル、ロシア、インド、中国の頭文字）は、21世紀に入って急速な成長を見せ、先進7カ国（G7）の経済規模に近づきました。

　こうした構造変化もあって、2010年代に入ってからは、経済や金融政策に関する首脳会合として G20 の枠組みも重視されています（140ページ参照）。

　開発経済学の考えでは、中所得国となっていく過程で成長率が急速に低くなるポイントがあり、「ルイスの転換点」と呼んでいます。多くの開発途上国では、今後も投資を呼び込んで成長していく余地はありますが、成長の過程で格差が拡大したまま経済成長率が鈍化した場合、社会的な不満が顕在化することも懸念されます。持続可能な成長が続くことが、今後の世界経済全体の安定に寄与すると考えられます。

150　第Ⅵ章　変貌する世界の中の日本

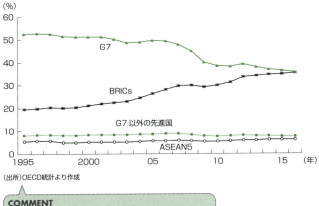

COMMENT
BRICsの経済規模はG7とほぼ同程度となりました

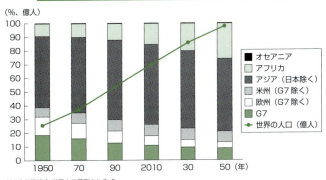

COMMENT
アジアは世界の50％の人口シェアを占めます。今後アフリカの人口増加が、世界人口の押し上げに寄与すると予想されています

67 アジア経済
進む経済的連携

> 東アジア地域は、国境を越えた企業活動、貿易と投資を通じた市場間の結び付きを中心に、経済的連携が強まっています。

　東アジア地域を EU と比較してみましょう。ヨーロッパでは、1952年欧州石炭鉄鋼共同体（ECSC）→58年欧州経済共同体（EEC）→67年欧州共同体（EC）と進み、93年に欧州連合（EU）が成立しました。また、単一通貨ユーロも導入されました。このヨーロッパの経済統合と比較すると、東アジア地域には次のような特徴があります。

　第1は、構成国の多様性です。東アジア地域は、成熟した経済大国である日本、先進諸国の仲間入りを果たしつつある韓国、先進諸国へのキャッチアップ過程にある ASEAN 諸国、成長を続けている中国など、多様な国々が存在してます。

　第2は、統合のエンジンの違いです。ヨーロッパでは、不戦の制度的担保としての統合という色彩が強かったため、政治主導で統合が段階的・計画的に進められてきました。しかし、東アジア地域では、貿易、投資活動を中心に経済的結び付きが強まってきました。

　東アジアは、国際的な生産分業が発達し、域内貿易では素材、部品や加工品といった中間財の比率が高く、域内で組み立てられた最終財が欧米に輸出されています。

　東アジア地域の経済連携を進める、東アジア地域包括的経済連携（RCEP）の交渉の立ち上げが2012年に宣言されました。実現すると、世界全体の人口の半分、GDP や貿易額の約30％を擁する巨大な広域経済圏となります。

東アジア地域におけるサプライチェーンの実態

(出所)経済産業省「通商白書2017」

COMMENT
多くの中間財(部品)が、日本、韓国およびASEANから中国に輸出され、中国で組み立てられた完成品が北米・EU等に輸出されています

東アジア地域包括的経済連携(RCEP)

▶交渉参加国：ASEAN10カ国＋6カ国（日本、中国、韓国、オーストラリア、ニュージーランド、インド）
▶交渉分野：物品貿易、原産地規則、税関手続き・貿易円滑化、衛生植物検疫措置（SPS）、任意規格・強制規格・適合性評価手続き（STRACAP）、貿易救済、サービス貿易、金融サービス、電気通信サービス、人の移動、投資、競争、知的財産、電子商取引、経済技術協力、中小企業、政府調達、紛争解決等

(出所)外務省ホームページ

COMMENT
東アジア地域での経済連携に向けた交渉が開始されています

68 原油価格の変動
原油価格上昇は所得移転

原油価格の変動はしばしば世界経済に大きな影響を与えてきました。1973年と78年の2度にわたるオイルショック、90年の湾岸危機などです。2000年代に原油価格は高騰しましたが、「シェール革命」で下落するなど、大きく変動しています。

　原油価格の上昇により、石油輸入国から産油国への所得移転が起き、輸入国経済にはマイナスの影響が出ます。原油価格上昇による輸入価格の上昇を最終製品価格に転嫁できない場合には、企業収益が悪化し、価格に転嫁されると、今度は消費者物価が上昇し、家計の実質所得が減少するからです。

　1973年の第1次オイルショック時、日本の原油輸入価格は約4倍に上昇し、これにより、日本経済は、物価上昇、マイナス経済成長、経常収支赤字化という三重苦（トリレンマ）に陥りました。

　2004年から08年に原油価格は、世界的好景気や新興国の需要増から高騰し、ガソリン価格の高騰等は家計や企業に影響を与えました。ただし、景気後退のきっかけにはなっておらず、かつてのオイルショック時と比べると、脱石油が進み、石油価格上昇の日本経済へのマイナスの影響はかなり小さくなっていると考えられます。

　21世紀に入り、米国発の「シェール革命」が進行し、原油市場は変わりました。技術革新により、シェールオイル・シェールガスと呼ばれる、地中の深い岩盤層にとじこめられた石油や天然ガスを大量発掘できるようになりました。2010年代に原油価格が大きく下落し、米国は原油の輸入国から輸出国になっています。

154　第Ⅵ章　変貌する世界の中の日本

原油価格の推移

COMMENT
原油価格の上昇はこれまで繰り返し日本経済に大きな影響を及ぼしてきました

世界の原油生産の推移（地域別）

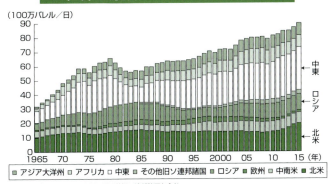

COMMENT
シェール革命で、米国の生産が増加しています

Coffee Break SDGs／移民・難民

SDGs

SDGs（Sustainable Development Goals、持続可能な開発目標）とは、2015年9月の国連サミットで採択された「持続可能な開発のための2030アジェンダ」に掲げられている、30年までの国際開発目標です。

SDGsは、格差問題、持続可能な消費や生産、気候変動対策など、発展途上国のみならず先進国が自らの国内で取り組まなければならない課題を含んでいます。市民社会や民間セクター等様々な主体と連携することが求められています。日本政府はあらゆる人々の活躍の推進、健康・長寿の達成等、SDGsの17のゴールを日本に即して再構成した8つの優先分野を設定し、取り組むこととしています。

移民・難民

日本では、単純労働に従事する外国人の在留を原則として認めておらず、移民を積極的に受け入れているわけではありません。外国人労働者を受け入れる場合、労働市場、地域社会、治安などへの影響に対する懸念が根強いことが背景にあります。

難民とは、人種、宗教、国籍、政治的意見などの理由で、自国にいると迫害を受けるかあるいは受けるおそれがあるために他国に逃れた人々のことです。日本では1982年に難民条約が発効し、難民認定された人は日本に在留できるほか、各種の保護措置を受けることができます。近年、難民認定申請者が増加しており、2017年は2万人近くになりました。しかし、認定者は20人に過ぎませんでした。

【日本経済をさらに理解するためのブックガイド】

　本書の内容は、日本経済のほんの入口の段階をざっと見渡したものです。読者の皆さんは、これに満足することなく、さらに日本経済への理解を深めていってほしいと思います。以下はそのためのガイドです。

　まず、日本経済の最新の状況や問題点をつかむには、毎日「日本経済新聞」に目を通すのが良いと思います。中でも「経済教室」は、最新のトピックを一流の執筆者が論じたもので、やや難しいのですが、分からないなりにも目を通していると大変勉強になると思います。

　政府が出している種々の白書は、標準的なデータや図表が豊富に盛り込まれており、信頼性も高い内容ですから、各分野の現状を概観するのに便利です。「経済財政白書」（内閣府）、「通商白書」（経済産業省）、「高齢社会白書」（内閣府）、「情報通信白書」（総務省）など数多くのものがあり、何といっても各省のホームページから無料でダウンロードできるのが魅力です。

　日本経済全体については、初心者向けには、塚崎公義『一番わかりやすい日本経済入門』（河出書房新社）、藤井彰夫『日本経済入門』（日経文庫）などが手軽で読みやすいと思います。自分の本で恐縮ですが、やや分量も多く、さらに分析的に踏み込んだものとして小峰隆夫・村田啓子『最新日本経済入門（第5版）』（日本評論社）があります。金森久雄・大守隆編『日本経済読本（第20版）』（東洋経済新報社）も、日本経済全体を要領よく解説しています。

　さらに経済を理解するには、日々公表される経済統計に目を通す必要がありますが、本書の執筆者の一人である髙安雄

一『やってみよう景気判断　指標で読みとく日本経済』（学文社）が分かりやすい丁寧な解説を提供しています。マクロ経済学の素養も必要ですが、これについては、福田慎一・照山博司『マクロ経済学・入門（第5版)』（有斐閣アルマ）があります。

　個別分野については、すべてを紹介する余裕はありませんが、最新の課題を取り上げ、かつ読み物としても面白いものとしては、玄田有史編『人手不足なのになぜ賃金が上がらないのか』（慶應義塾大学出版会）、鯨岡仁『日銀と政治』（朝日新聞出版）、鈴木亘『経済学者　日本の最貧困地域に挑む』（東洋経済新報社）、吉川洋『人口と日本経済』（中公新書）、早川英男『金融政策の「誤解」』（慶應義塾大学出版会）などがあります。

日経文庫案内

ビジュアル版

マーケティングの基本	野 口 智 雄
経営の基本	武 藤 泰 明
流通の基本	小 林 隆 一
経理の基本	片 平 公 久
貿易・為替の基本	山 田 晃 夫
日本経済の基本	小 峰 隆 夫
金融の基本	高 月 昭 年
品質管理の基本	内 田 治
広告の基本	清 水 公 一
IT活用の基本	内 山 力
マネジャーが知っておきたい 経営の常識	内 山 力
キャッシュフロー経営の基本	前 川・野 寺
企業価値評価の基本	渡 辺 茂
IFRS［国際会計基準］の基本	飯塚・前川・有光
マーケティング戦略	野 口 智 雄
経営分析の基本	佐 藤 裕 一
仕事の常識＆マナー	山 﨑 紅

はじめてのコーチング	市 瀬 博 基
ロジカル・シンキング	平 井・渡 部
仕事がうまくいく 会話スキル	野 口 吉 昭
使える！手帳術	舘 神 龍 彦
ムダとり 時間術	渥 美 由 喜
ビジネスに活かす統計入門	内田・兼子・矢野
ビジネス・フレームワーク	堀 公 俊
アイデア発想フレームワーク	堀 公 俊
図でわかる会社法	柴 田 和 史
資料作成ハンドブック	清 水 久三子
マーケティング・フレームワーク	原 尻 淳 一
図でわかる経済学	川 越 敏 司
７つの基本で身につくエクセル時短術	一 木 伸 夫

小峰隆夫（こみね・たかお）

1947年　埼玉県生まれ。
1969年　東京大学経済学部卒業。
同　年　経済企画庁（現内閣府）入庁。
　　　　日本経済研究センター主任研究員、経済
　　　　企画庁調整局国際第一課長、同調査局内
　　　　国調査第一課長、国土庁審議官、経済企
　　　　画庁総合計画局審議官、経済研究所長、
　　　　物価局長、調査局長、法政大学教授を経て
現　在　大正大学地域創生学部教授
　　　　日本経済研究センター研究顧問

（主　著）
『日本経済の構造変動』（岩波書店、2006）『デー
タで斬る世界不況』（編著、日経BP社、2009）
『政権交代の経済学』（編著、日経BP社、2010）
『人口負荷社会』（日本経済新聞出版社、2010）
『日本経済論の罪と罰』（日本経済新聞出版社、
2013）『最新日本経済入門（第5版）』（村田
啓子との共著、日本評論社、2016）『ビジネ
スパーソンの「たしなみ」としての日本経済
論講義』（日経BP社、2017）

●日経文庫1937
ビジュアル
日本経済の基本
1994年11月 7日　1版1刷
2018年 6月15日　5版1刷

編著者　　小峰　隆夫
発行者　　金子　　豊
発行所　　日本経済新聞出版社
　　　　　https://www.nikkeibook.com/
　　　　　東京都千代田区大手町1-3-7
　　　　　郵便番号 100-8066
　　　　　電話（03）3270-0251（代）
印刷・製本　広研印刷
ISBN978-4-532-11937-9
© Takao Komine 1994

本書の無断複写複製（コピー）は、特定の場合を
除き、著作者・出版社の権利侵害になります。

Printed in Japan